家国情怀 2

JIAGUO QINGHUAI

主编 任建欣

编委会

亲爱的同学，当你打开这本书时，你就开启了一段惬意的旅程。从相遇、相知，到相伴前行，淡淡的书香将一直萦绕在你身边。

初中阶段，你已经读过许多名篇佳作，在充满智慧和温情的文字浸润中，语文素养自然会得到提升。但面对神秘奇幻的自然、日新月异的社会、渐趋丰盈的人生，仅仅是课堂上阅读的文章，恐怕很难再满足你的需求，你的阅读理应更广泛、更专业。如何让课内外读物有机融合成滋养你成长的沃土？如何让点滴的阅读收获汇聚成助推你遨游书海的动力？为此，我们邀请了全国各地的名师，精选文章，为你搭建大量阅读、高效阅读的平台。

于是，便有了摆在你面前的这本书。

这本书分为经典诵读、主题阅读、整本书阅读三个板块。

第一个板块是“经典诵读”，所选古诗词都具有经典阅读价值。针对诗词中可能会给你造成阅读障碍的生字难词，我们增加了读音和注释，且辅以专业诵读音频和鉴赏资料供你随时赏听或查阅。你可以利用每天的晨读或其他课余时间反复诵读，只要持之以恒地阅读，假以时日，定能厚积薄发。

第二个板块是“主题阅读”，我们精心挑选了几组文章，聚焦主题，帮助你进行专题探究。其中，“范文阅读”有批注和学习提示，方便你边阅读边思考，掌握这一类文章的阅读方法，并能进行拓展运用。“组文阅读”有单元学习任务，帮助你对一组文章进行整合阅读、比较鉴赏，从碎片化到结构化，在阅读中积累语言、拓展思维，提升核心素养。带有“自由阅读”标签的文章，你可以根据自己的需要、兴趣自主选择阅读，多读、少读，深读、浅读皆可，如能养成边读边做批注的习惯，你会收获更多。带有“类文阅读”标签的是一组与写作要求相匹配的文章，旨在提供写作思路，激发你的创作灵感。这组文章的首篇附有旁批，为你的写作实践提供技巧点拨。

“整本书阅读”设计了“阅读导航”“精彩选篇”“阅读规划”“交流平台”等助读工具，旨在激发你的阅读兴趣，帮助你掌握科学的阅读方法，从而有计划地开展整本书阅读。

愿这本书伴随你度过阅读的美好时光，与经典交流，与大师对话，帮助你积累知识，开阔视野，提升素养，成为睿智优雅、阳光自信的中国好少年！

经典诵读

第一单元　赤子之歌

范文阅读

组文阅读

第二单元　追忆长征

范文阅读

组文阅读

第三单元　保家卫国

范文阅读

组文阅读

第四单元　情系故土

自由阅读

第五单元　人物春秋

范文阅读

组文阅读

第六单元　学习抒情

类文阅读

整本书阅读

踏一条平平仄仄的幽径，咏一阕抑扬顿挫的辞章，让心灵开始一次雅韵悠长的旅程。从《诗经》到宋词，从田园到边塞，从婉约到豪放，从现实主义到浪漫主义……那些或率真质朴、或清幽缠绵、或慷慨刚健、或隽永蕴藉的诗句，寄托了中华儿女的家国情怀，传承着博大精深的中华文明。

有了诗词的濡染，我们的语文学习自当渐入佳境；有了经典的浸润，我们的语文生活定会异彩纷呈。

扫码收听朗诵音频

1. 赠范晔

⊙〔北魏〕陆凯

折花逢驿使①，寄与陇头人②。

江南无所有，聊③赠一枝春④。

赏析

这是一首赠友人的小诗。范晔（398—446），字蔚宗，顺阳（今河南淅川东）人。官至左卫将军、太子詹事。曾著《后汉书》，是著名的史学家。据《荆州记》载，范晔在长安时，陆凯寄一枝江南的梅花给他，并附上了这首诗，此诗言简意深，诗情浓郁。给远方的朋友寄去一枝梅花，带去江南的春光，这里面包含着多么真挚深沉的友情，而这枝花又能引起友人以及读者多么美妙的遐思！后来许多诗人把折梅寄远作为思念友人的典故写进自己的作品，可见这首诗影响之深远。

---

① 驿使：古代驿站传递公文、书信的使者。

② 陇头人：指范晔。陇头，陇山，借指边塞。

③ 聊：姑且。

④ 一枝春：借代手法，指一枝花。

扫码收听朗诵音频

2. 淮上[1]与友人别

⊙〔唐〕郑谷

扬子江[2]头杨柳[3]春，杨花[4]愁杀渡江人。
数声风笛离亭[5]晚，君向潇湘[6]我向秦[7]。

---

① 淮上：这里指扬州。

② 扬子江：指长江。

③ 杨柳：因“柳”与“留”谐音，因而古人有折柳送别的习俗。

④ 杨花：柳絮。

⑤ 离亭：驿亭，古代修在大路边供人休息的亭子。

⑥ 潇湘：潇水和湘水。借指今湖南一带。

⑦ 秦：指长安，即今陕西西安。

悲欢离合是人生乐章中不可缺少的旋律，也是文人骚客歌咏不尽的古老话题。关于送别的描述，古人留下了不少千古绝唱：既有“寒雨连江夜入吴，平明送客楚山孤”的孤独，也不乏“又送王孙去，萋萋满别情”的惆怅，更有“挥手自兹去，萧萧班马鸣”的无奈，诗人们都用自己独特的笔致抒写了人间最凄楚的离别，令人情不能已。郑谷这次在扬州与友人话别，不是通常意义上的送行，而是一次各赴前程的握别。结尾一句是全诗最成功之处。诗人一反常规，不以情语或景语作结，而是笔锋一转，淡淡地点出各自的行程，既没有缠绵悱恻的嘱托语，也没有含蓄委婉的寄情话，寥寥七字却“道是无情却有情”，达到了言尽而意不尽、意尽而情不尽的艺术效果。

扫码收听朗诵音频

3. 长相思

⊙〔唐〕白居易

汴水[①]流，泗水[②]流，流到瓜洲[③]古渡头。吴山[④]点点愁。思悠悠，恨悠悠，恨到归时方始休。月明人倚楼。

① 汴水：水名，源于河南，流入淮河。

② 泗水：水名，源于山东，流入淮河。

③ 瓜洲：古渡口名，在今江苏扬州。

④ 吴山：长江下游南岸群山，古为吴国属地，故称。

这首词是抒发“闺怨”的名篇，构思新颖奇巧，描写了一位闺中少妇月夜倚楼眺望，思念久别未归的丈夫，充满无限深情。

上片全是写景，暗寓恋情。前三句以流水比人，写少妇丈夫外出，随着汴水、泗水向东南行，到了遥远的地方；同时也暗喻少妇的心亦随着流水追随丈夫的行踪飘然远去。这三句是借景抒情，寓有情于无情之中，使用的是暗喻和象征的手法。“吴山点点愁”一句，承“瓜洲古渡”而入吴地，而及吴山，写得清雅而沉重，是上片中的佳句。“吴山点点”是写景，在这里，作者只轻轻一带，着力于下面的“愁”字。着此“愁”字，就陡然使词意发生了巨大的变化，吴山之秀色不复存在，只见人之愁如山之多且重，这是一；山亦因人之愁而愁，这是二；山是“愁山”，则上文之水也是“恨水”了，这是三。一个字点醒全片，是何等之笔力！

下片直抒胸臆，表达少妇对丈夫长期不归的怨恨。前三句写她思随流水，身在妆楼，念远人而不得见，思无穷，恨亦无穷。“悠悠”二字，意接流水，笔入人情。“恨到归时方始休”一句，七字包拢全词，从而可见以上的想水想山，含思含恨，都是人于明月下、倚楼时的心事，抒发了少妇强烈的相思之痛。

扫码收听朗诵音频

4. 绝句漫兴九首（其四）①

⊙〔唐〕杜甫

二月已破②三月来，渐老逢春能几回？

莫思身外无穷事，且尽生前有限杯。

作为一位有着“致君尧舜上，再使风俗淳”的远大理想的诗人，杜甫伤时忧国的爱国爱民情怀感动着一代代的读者。恰恰在写此诗前不久，诗人因为上书触怒肃宗被贬。面对大好春光，诗人不免更加伤感于流年易逝、壮志难酬。正如王夫之所说：“以乐景写哀，以哀景写乐，一倍增其哀乐。”而诗人借酒抒怀，故作“且尽生前有限杯”的旷达之语，却使得他忧国伤时、感慨自己时运不济的落寞和怅惘更加鲜明地显现出来。

---

①《绝句漫兴九首》写于杜甫寓居成都草堂的第二年，即唐肃宗上元二年（761）。题作“漫兴”，有兴之所到随手写出之意。不求写尽，不求写全，也不是同一时成之。这里选的是第四首。

② 二月已破：意谓二月将过，三月来临。

扫码收听朗诵音频

5. 锦 瑟[①]

⊙〔唐〕李商隐

锦瑟无端五十弦[②]，一弦一柱[③]思华年。
庄生晓梦迷蝴蝶[④]，望帝[⑤]春心托杜鹃。
沧海月明珠有泪[⑥]，蓝田[⑦]日暖玉生烟。
此情可待成追忆，只是当时已惘然[⑧]。

---

① 锦瑟：绘有织锦纹饰的瑟。瑟是古代一种弦乐器。这个诗题是以诗中首句前两字为题，实际是“无题”，并不是咏物（锦瑟）之作。

② 五十弦：瑟原来有五十弦，后来一般有二十五弦。在瑟的尾部，每一条弦有一根柱支着。

③ 柱：用来支弦的木柱，可以移动以调整弦音的高低。

④ 迷蝴蝶：指庄周因梦见自己变为蝴蝶而感到迷惘。庄子在《齐物论》中说：“昔者庄周梦为胡蝶，栩栩然胡蝶也。自喻适志与！不知周也。俄然觉，则蘧蘧然周也。不知周之梦为胡蝶与，胡蝶之梦为周与？”诗用此典说世事如梦，变幻莫测。

⑤ 望帝：相传是古蜀国国王，名杜宇，号望帝，死后魂魄化为鸟，名杜鹃，又名子规，鸣声凄苦。

⑥ 珠有泪：典出《博物志》，据说南海外有鲛人，水居如鱼，哭时眼泪成珠。

⑦ 蓝田：指蓝田山，在今陕西省蓝田县东南，是著名的产玉之地，故也称玉山。

⑧ 惘然：失意的样子。

这首诗是李商隐无题诗中较难解的一首，历来众说纷纭。有人认为“锦瑟”是令狐楚家一个婢女的名字，本诗为爱情诗；有人认为是作者为追怀死去的妻子王氏而写的，是悼亡诗；亦有人认为这是一首描绘古瑟声调的咏物诗。但与诗意对照，以上诸说皆显牵强，如从诗人的生活经历和诗的词采、感情等方面品味，这首诗应解为李商隐晚年追叙生平、自伤身世之作。

诗的首联以瑟起兴，故取二字为标题。“无端”二字是以痴语形式说出来的怨语、情语，加重了下句“一弦一柱”和“思”的感情分量，为全诗定下了感慨身世的基调。颔联、颈联以四组复杂意象作曲折隐喻，把自己身处如梦世事中那种春心难托、壮志难酬、怀才不遇的复杂人生感受倾吐出来。尾联回应开头的“无端”之“思”，把惘然心境更推进一层。

这首诗运用象征、比兴、典故、铺排等多种手法抒写感情，形成词采华美、设喻隐曲、色调朦胧、意境深幽的特色。

扫码收听朗诵音频

6. 宣州谢朓楼饯别校书叔云①

⊙〔唐〕李白

弃我去者，昨日之日不可留；
乱我心者，今日之日多烦忧。
长风万里送秋雁，对此可以酣高楼②。
蓬莱文章③建安骨④，中间小谢⑤又清发。
俱怀逸兴⑥壮思飞，欲上青天揽明月。
抽刀断水水更流，举杯销愁愁更愁。
人生在世不称意，明朝散发弄扁舟⑦。

---

① 云：李云，李白的族叔，是当时著名的散文家，任秘书省校书郎。

② 酣高楼：在高楼上畅饮。

③ 蓬莱文章：借指汉代文章。蓬莱，神话传说中的海上神山，传说仙府中难得的典籍均藏于此。

④ 建安骨：建安风骨的简称。东汉末建安时期，以曹操父子和“建安七子”为代表的诗歌，风格清新刚健，被后人称为“建安风骨”。

⑤ 小谢：指谢朓，区别于“大谢”（谢灵运）。

⑥ 逸兴：超脱飘逸的兴致。

⑦ 扁舟：小船。

这首诗写得感情强烈，波澜起伏。一开始就陡起壁立，直抒胸中之“烦忧”。两句之后，又突然转向万里长空，由此引发高楼酣饮的兴致，并表露出自己有着“欲上青天揽明月”的抱负。紧接着又由美丽的理想回到了苦闷的现实当中，并表明自己解决理想与现实冲突的办法。全诗大起大落、大开大阖，没有雕琢的痕迹，在感情的支配下自然而成。从感情内容方面来说，虽然诗人苦闷重重，却并未因此放弃对理想的追求。即使以“散发弄扁舟”来作为摆脱苦闷的方式有些消极，但也与沉溺苦闷而难以自拔者有很大的区别。全诗在悲愤之中又贯注着一种慷慨豪迈的激情，显示着一种雄壮豪放的气概，感人肺腑，动人心魄，这显然又是值得称赞的。

扫码收听朗诵音频

7. 菩萨蛮

⊙〔宋〕王安石

数家[①]茅屋闲临水，轻衫短帽[②]垂杨里。花是去年红，吹开一夜风。

梢梢[③]新月偃[④]，午醉醒来晚。何物最关情？黄鹂三两声。

这首词是王安石晚年隐居江宁半山之作，叙写他的闲适生活与摆脱宦海的感情。词人是一位政治家，他立志于改革，推行新法，但受旧党打击，屡次罢相，终于被迫隐居。“午醉醒来晚”一句流露出了这种心境。通观全词，表达了词人对时光流逝、老之将至的叹息，更包含着他壮志未酬的忧愁。

---

① 家：一作“间”。

② 轻衫短帽：写的是一个没有官职、不穿官服的隐居者，也是作者的自画像。轻，一作“窄”。

③ 梢梢：风吹动树木的声音。

④ 新月偃（yǎn）：月亮呈半月形。

扫码收听朗诵音频

8. 诉衷情

⊙〔宋〕陆游

当年万里觅封侯[①]，匹马戍梁州[②]。关河[③]梦断何处？尘暗旧貂裘[④]。

胡未灭，鬓先秋[⑤]，泪空流。此生谁料，心在天山[⑥]，身老沧洲[⑦]！

---

① 觅封侯：寻觅建立功业以博取封侯的机会。

② 戍梁州：指陆游四十八岁时在四川宣抚使司任职期间的军事活动。

③ 关河：关塞和河防，指军事地形。

④ 尘暗旧貂裘：以貂裘陈旧变色表示长期闲散，没有建功立业的机会。

⑤ 鬓先秋：鬓发早白。

⑥ 天山：在今新疆维吾尔自治区境内，是汉、唐时的边疆。此处代指南宋与金国相持的西北前线。

⑦ 身老沧洲：陆游晚年住在绍兴镜湖边的三山。沧洲，水边，古时隐者所居。

积贫积弱、日见窘迫的南宋是一个需要英雄的时代，而不是一个英雄“过剩”的时代。陆游的一生以抗金复国为己任，但请缨无路、屡遭贬黜，晚年退居山阴，有志难伸。作这首词时，词人已年近七十，身处江湖，未忘忧国，烈士暮年，壮心不已。这首《诉衷情》饱含着人生的秋意，但由于词人“身老沧洲”的感叹中包含了更多的历史内容，他的阑干老泪中融会了对国家炽热的感情，所以，词的情调体现出幽咽而不失开阔深沉的特色，比一般仅仅抒写个人苦闷的作品显得更有力量，更为动人。

赤子之歌

爱国是一个亘古不变的话题，历史的车轮转动千年，爱国早已沉淀为一种文化信仰。那些文人笔下的诗词犹如遥远地方传来的号角声，唤醒了无数人心中的豪情壮志和爱国情怀。“咱们的中国！”“我为我心爱的人儿，燃到了这般模样！”……每一句，都是赤子心灵深处的激情与呐喊——在灾难深重的中国，是对现实的批判和对民族命运的忧心；在奋力发展的中国，是对希望的呼唤和对美好未来的期盼。在沉沦中奋发，在苦难中崛起，在发展中复兴，这是每一位爱国赤子的心声与使命。

本单元的选文或直抒胸臆，酣畅淋漓；或借景抒情，委婉含蓄。同学们阅读时，也可以学习运用抒情的表达方式，反复吟咏，一抒胸中的豪情。

1. 一句话

⊙闻一多

诗歌中“火山”“霹雳”“铁树开花”分别是指什么？

“咱们的中国”，这句话朗读时重音应该放在哪里？为什么？

有一句话说出就是祸，
有一句话能点得着火，
别看五千年没有说破，
你猜得透火山的缄默？
说不定是突然着了魔，
突然青天里一个霹雳
爆一声：
“咱们的中国！”

这话叫我今天怎样说？
你不信铁树开花也可，
那么有一句话你听着：
等火山忍不住了缄默，
不要发抖、伸舌头、顿脚，

等到青天里一个霹雳

爆一声：

“咱们的中国！”

本诗形式安排别具匠心。行与行、节与节之间齐整，有意识形成回环往复的节奏。朗读时注意体会。

学习提示

这首诗是闻一多先生自美国留学归来之后，面对当时饱受欺凌的祖国，一腔赤子报国之心的真实写照。“咱们的中国！”——这是一句在诗人心里憋了很久的话，也是他发自内心深处的呼喊，祖国永远在诗人的心里。等到有一天终于可以自由表达的时候，这种炽热的情感将如决堤的洪水、喷射的岩浆，汪洋恣肆，一泻千里。闻一多先生坚信，有着五千年灿烂文明的中国，似沉默的火山，必将爆发；似晴天的一道霹雳，必将让世界震撼。

诗歌形式整齐，韵律和谐，体现了诗人对诗歌需具备建筑美、音乐美、绘画美的主张。

2. 炉中煤

——眷念祖国的情绪

⊙郭沫若

想一想，诗人把自己比喻成“炉中煤”，有哪些丰富的意蕴？

直抒胸臆，诉说赤子衷肠。

啊，我年青的女郎！
我不辜负你的殷勤，
你也不要辜负了我的思量。
我为我心爱的人儿
燃到了这般模样！

啊，我年青的女郎！
你该知道了我的前身？
你该不嫌我黑奴鲁莽？
要我这黑奴的胸中，
才有火一样的心肠。

“啊，我年青的女郎！”这一句反复出现，有什么作用？

啊，我年青的女郎！
我想我的前身，
原本是有用的栋梁，

我活埋在地底多年，
到今朝总得重见天光。

啊，我年青的女郎！
我自从重见天光，
我常常思念我的故乡，
我为我心爱的人儿
燃到了这般模样！

结尾点出让“我”思之如狂的是“我”的祖国故乡，情感热烈绵长。

学习提示

“有美人兮，见之不忘；一日不见兮，思之如狂”，诗人对祖国的情感，也是这般热烈绵长。《炉中煤》是一首饱含眷念祖国情感的抒情诗。用诗人自己的话说：“五四以后的中国，在我心目中就像一位聪俊的有进取心的姑娘，她简直就和我的爱人一样。”诗人把自己比作煤炭，把祖国比作年青女郎、心爱的人，把对祖国的炽热之爱比作炉中熊熊燃烧的煤，为了祖国，他甘愿把自己燃烧殆尽。诗歌意象丰富、生动、跳跃，形象地表达了诗人炽热的情感。

大声朗读，“我”正向亲爱的祖国诉说着那颗燃烧的赤子之心……热烈、跃动的旋律与情感的表达完全合拍，诗人情感的浓度和热度，你体会到了吗？

1. 青纱帐——甘蔗林

⊙郭小川

看见了甘蔗林，我怎能不想起青纱帐！
北方的青纱帐啊，你至今还这样令人神往；
想起了青纱帐，我怎能不迷恋甘蔗林的风光！
南方的甘蔗林哪，你竟如此翻动战士的衷肠。

哦，我的青春、我的信念、我的梦想……
无不在北方的青纱帐里染上战斗的火光！
哦，我的战友、我的亲人、我的兄长……
无不在北方的青纱帐里浴过壮丽的朝阳！

哦，我的歌声、我的意志、我的希望……
好像都是在北方的青纱帐里生出翅膀！
哦，我的祖国、我的同胞、我的故乡……
好像都是在北方的青纱帐里炼成纯钢！

这里却是南方，而不是遥远的北方；
北方的高粱地里没有这么甜、这么香！
这里却是甘蔗林，而不是北方的青纱帐；
北方的青纱帐里没有这么美、这么亮！

北方的青纱帐哟，常常满怀凛冽的白霜；
南方的甘蔗林呢，只有大气的芬芳！
北方的青纱帐哟，常常充溢炮火的寒光；
南方的甘蔗林呢，只有朝雾的苍茫！

北方的青纱帐哟，平时只听见心跳的声响；
南方的甘蔗林呢，处处有欢欣的吟唱！
北方的青纱帐哟，长年只看到破烂的衣裳；
南方的甘蔗林呢，时时有节日的盛装！

何必这样问呢——到底更爱南方，还是北方？
我只能回答：我们的国土到处都是一样；
何必这样问呢——到底更爱甘蔗林，还是青纱帐？
我只能回答：生活永远使人感到新鲜明朗。

风暴是一样的雄浑呀，雷声也一样的高亢，
无论哪里的风雷哟，都一样能壮大我们的胆量；

太阳是一样的炽烈呀，月亮也一样的甜畅，
无论哪里的光华哟，都一样能照耀我们的心房。

露珠是一样的明澈呀，雨水也一样的清凉，
无论哪里的雨露哟，都一样是滋养我们的琼浆；
天空是一样的高远呀，大地也一样的宽敞，
无论哪里的天地哟，都一样是培育我们的温床。

呵，老战士还不曾衰老，新战士已经成长，
我们的人哪，总是那样胆大、心细、性子刚；
呵，老一代还健步如飞，新一代又紧紧跟上，
我们的人哪，总是那样胸宽、气壮、眼睛亮。

看吧，当敌人挑衅时，甘蔗林将叫他们投降；
那甜甜的秸秆啊，立刻变成锐利的刀枪！
看吧，当敌人侵犯时，甘蔗林将把他们埋葬；
那密密的长叶啊，立刻织成强大的罗网！

北方的青纱帐啊，你为什么至今还令人神往？
因为我们的甘蔗林呀，已经是新时代的青纱帐！
南方的甘蔗林哪，你为什么这样翻动战士的衷肠？
因为我们的青纱帐呀，埋伏着千百万雄兵勇将！

1962年3月广州初稿，6至9月北京改成

2. 生活在自己的祖国，我很骄傲

⊙食　指

不能说我的生活平淡枯燥
听那布谷鸟清脆的声声高叫
白杨树迎风披襟畅怀大笑——
领受大自然自由气息的熏陶

就是过上了繁花似锦的生活
也有衰落凋零那一天的烦恼
但坚信谁也挡不住祖国的常青树
必将抽出更加强劲的枝条

谁说我过着单调乏味的生活
生活在自己的祖国我很骄傲
虽然物质清贫，生活艰苦
却不时涌动阵阵澎湃的诗潮

1996 年 6 月 7 日

3. 歌唱祖国

⊙王 莘

五星红旗迎风飘扬，
胜利歌声多么响亮！
歌唱我们亲爱的祖国，
从今走向繁荣富强，
歌唱我们亲爱的祖国，
从今走向繁荣富强。

越过高山，越过平原，
跨过奔腾的黄河长江；
宽广美丽的土地，
是我们亲爱的家乡。
英雄的人民站起来了，
我们团结友爱坚强如钢。

五星红旗迎风飘扬，
胜利歌声多么响亮！
歌唱我们亲爱的祖国，
从今走向繁荣富强。
歌唱我们亲爱的祖国，
从今走向繁荣富强。

我们勤劳，我们勇敢，
独立自由是我们的理想；
我们战胜了多少苦难，
才得到今天的解放。
我们爱和平，
我们爱家乡，
谁敢侵犯我们就叫他灭亡。

五星红旗迎风飘扬，
胜利歌声多么响亮！
歌唱我们亲爱的祖国，
从今走向繁荣富强。
歌唱我们亲爱的祖国，
从今走向繁荣富强。

东方太阳，正在升起，
人民共和国正在成长；
我们领袖毛泽东，
指引着前进的方向。
我们的生活天天向上，
我们的前途万丈光芒。

五星红旗迎风飘扬，
胜利歌声多么响亮！
歌唱我们亲爱的祖国，
从今走向繁荣富强。
歌唱我们亲爱的祖国，
从今走向繁荣富强。

4. 黄河之水天上来

⊙光未然

（朗诵词）

黄河！我们要学习你的榜样，像你一样的伟大坚强！这里，我们在你面前，献上一首诗，哭诉我们民族的灾难。

（歌词）

黄河之水天上来，

排山倒海，汹涌澎湃，

奔腾叫啸，使人肝胆破裂！

它是中国的大动脉，

在它的周身，奔流着民族的热血。

红日高照，水上金光迸裂。

月出东山，河面银光似雪。

它震动着，跳跃着，

像一条飞龙，日行千里，

注入浩浩的东海。

虎口——龙门，
摆成天上的奇阵；
人，不敢在它的身边挨近；
就是毒龙
也不敢在水底存身。
从十里路外，
仰望着它的浓烟上升，
像烧着漫天大火，
使你热血沸腾；
其实——凉气逼来，
你会周身感到寒冷。
它呻吟着，震荡着，
发出十万万匹马力，
摇动了地壳，冲散了天上的乌云。

啊，黄河！河中之王！
它是一匹疯狂的野兽啊，
发起怒来，赛过千万条毒蟒，
它要作浪兴波，冲破人间的堤防；
于是黄河两岸，遭到可怕的灾殃：
它吞食了两岸的人民，
削平了数百里外的村庄，

使千百万同胞扶老携幼，
流亡他乡，挣扎在饥饿线上，死亡线上！
如今两岸的人民，
又受到了空前的灾难：
东方的海盗，
在亚洲的原野，放出杀人的毒焰；
饥饿和死亡，像黑热病一样，
在黄河的两岸传染！

啊，黄河！
你抚育着我们民族的成长；
你亲眼看见，这五千年来的古国
遭受过多少灾难！
自古以来，在黄河边上展开了无数血战，
让垒垒白骨堆满你的河身，
殷殷鲜血染红你的河面！
但你从没有看见敌人的残暴如同今天这般；
也从来没有看见黄帝的子孙像今天这样开始了全国动员；
在黄河两岸，
游击兵团，野战兵团，
星罗棋布，穿插在敌人后面；
在万山丛中，在青纱帐里，

展开了英勇的血战！

啊，黄河！

你记载着我们民族的年代。

古往今来，在你的身边

兴起了多少英雄豪杰！

但是，你从不曾看见，

四万万同胞像今天这样团结得如钢似铁；

千百万民族英雄，

为了保卫祖国洒尽他们的热血；

英勇的故事，像黄河怒涛，

山岳一般地壮烈！

啊，黄河！

你可曾听见，在你的身旁，响彻了胜利的凯歌？

你可曾看见，祖国的铁军，在敌人后方布成了地网天罗？

他们把守着黄河两岸，不让敌人渡过！

他们要把疯狂的敌人埋葬在滚滚的黄河！

啊，黄河！

你奔流着，怒吼着，

替法西斯的恶魔唱出灭亡的葬歌！

你怒吼着，叫啸着，

向着祖国的原野，

响应我们伟大民族的胜利的凯歌！

向着祖国的原野，

响应我们伟大民族的胜利的凯歌！

爱国名言集锦（一）

1. 长太息以掩涕兮，哀民生之多艰。

——屈原《离骚》

（译文：长声叹息而泪流满面，为人生多灾多难而哀伤。）

2. 亦余心之所善兮，虽九死其犹未悔。

——屈原《离骚》

（译文：这些都是我内心所追求的，就算让我死掉再多次也不后悔。）

单元学习任务

任务一

从古至今，在不少的文人作品中，都可找到他们的爱国情怀，他们执笔抒情，将满腔热血寄托于诗歌中。阅读本单元诗歌，找出精彩的语句或者段落，揣摩品味，模仿《一句话》和《炉中煤》的批注，给所选语句或者段落做批注。

任务二

鲁迅说："诗歌是本以抒发自己的热情的。"郭沫若说："诗歌的本职专在抒情。"优秀的抒情诗往往激荡着时代的旋律。本单元所选的抒情诗侧重直抒胸臆，其中也有间接抒情。请你从这些诗句中各举出两个例子，填在下面的图表中。

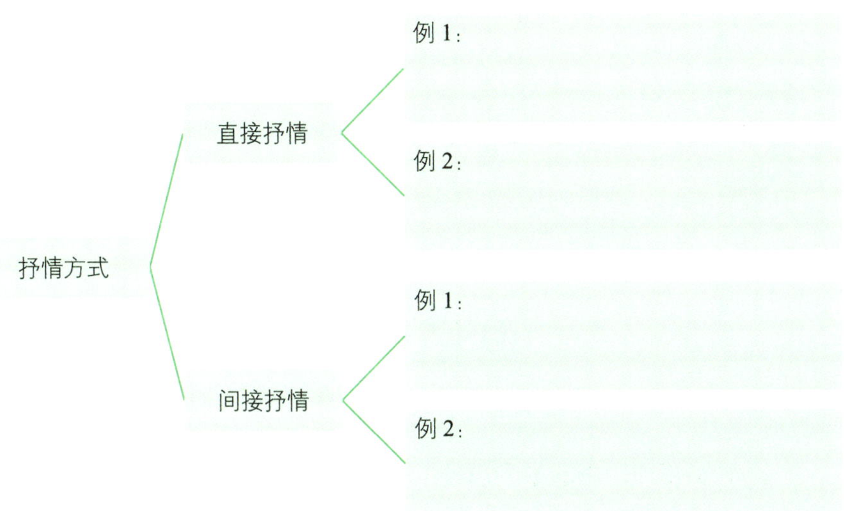

任务三

学校团委、学生会将联合举行庆祝中华人民共和国成立 73 周年诗歌朗诵比赛，用诗歌朗诵的形式表达对伟大祖国的热爱之情。请同学们按照要求进行准备，参加班级的预赛。

要求：以班级为单位进行预赛选拔；所选诗歌可以是本单元诗歌，也可以另外选择经典的现当代爱国诗歌；以朗诵为主，自主配乐，可以配合表演，形式尽量多样化；感情饱满真挚，表达自然；朗诵时间在 5 ~ 10 分钟。

朗诵方案

所选篇目		配乐	
舞台设计		朗诵形式	

追忆长征

红军长征，创造了历史，谱写了华章，铸就了精神。那些传奇故事在中华儿女中流传，红军英勇无畏的身影、超人的勇气、非凡的智慧时刻激励我们前行。长征途中，他们英勇乐观、一往无前的革命精神早已成为我们宝贵的财富。伟大的长征精神，作为中国红色基因和民族精神的重要组成部分，已经深深融入中华民族的血脉。每一代人有每一代人的“长征路”，今天，我们要怀揣梦想，勇于担当，弘扬长征精神，凝聚中国力量，走好我们这一代人的“长征路”。

阅读本单元文章，要注意品味精到的叙事和精彩的描写，体会质朴真实却感人至深的语言魅力，感受作者在行文中寄托的思想情感，感悟红军战士的革命情怀和伟大的长征精神。

1. 七根火柴

⊙王愿坚

天亮的时候，雨停了。

草地的气候就是怪，明明是月朗星稀的好天气，忽然一阵冷风吹来，浓云像从平地上冒出来的，霎时把天遮得严严的，接着，就有一场暴雨，夹杂着栗子般大的冰雹，不分点地倾泻下来。

卢进勇从树丛里探出头，四下里望了望。整个草地都沉浸在一片迷蒙的雨雾里，看不见人影，听不到人声；被暴雨冲洗过的荒草，像用梳子梳理过似的，光滑地躺倒在烂泥里，连路也看不清了。天，还是阴沉沉的，偶尔有几粒冰雹洒落下来，打在那混浊的绿色水面上，溅起一撮撮浪花。他苦恼地叹了口气。因为小腿伤口发炎，他掉队了。两天来，他

这里的环境描写有什么作用？

日夜赶走，原想在今天赶上大队的，却又碰上这倒霉的暴雨，耽误了半个晚上。

他咒骂着这鬼天气，从树丛里钻出来，长长地伸了个懒腰，一阵凉风吹得他冷不丁地连打了几个寒战。他这才发现衣服已经完全湿透了。

环境的恶劣，食物的匮乏，让卢进勇产生了对火的渴望，进而发现残存的青稞面粉。请你边读边思考：“火”和“青稞面粉”与下文有何联系？

“要是有堆火烤烤该多好啊！”他使劲绞着衣服，望着那顺着裤脚流下的水滴想道。他也知道这是妄想——不但现在，就在他掉队的前一天，他们连里已经因为没有引火的东西而只好吃生干粮了。可是他仍然下意识地把手插进裤兜里。突然，他的手触到了一点黏黏的东西。他心里一喜，连忙蹲下身，把口袋翻过来。果然，在口袋底部粘着一小撮青稞面粉；面粉被雨水一泡，成了稀糊了。他小心地把这些稀糊刮下来，居然有鸡蛋那么大的一团。他吝惜地捏着这块面团，一会儿捏成长形，一会儿又捏成圆的，心里不由得暗自庆幸：“幸亏昨天早晨我没有发现它！”

已经是一昼夜没有吃东西了，这会儿看见了可吃的东西，更觉得饿得难以忍受。为了不致一口吞下去，他又把面团捏成了长条，正要把它送到嘴边，蓦地听见了一声低低的叫声：

将会有什么事情发生？这段文字引起了我们的阅读兴趣。

“同志！——”

这声音那么微弱，低沉，就像从地底下发出来的。他略略愣了一下，便一瘸一拐地向着那声音走去。

卢进勇蹒跚地跨过两道水沟，来到一棵小树底下，才看清楚那个打招呼的人。他倚着树根半躺在那里，身子底下贮满了一汪混浊的污水，看来他已经有很长时间没有挪动了。他的脸色更是怕人：被雨打湿了的头发像一块黑毡糊贴在前额上，水，沿着头发、脸颊滴滴答答地流着。眼眶深深地塌陷下去，眼睛无力地闭着，只有腭下的喉结在一上一下地抖动，干裂的嘴唇一张一合地发出低低的声音：“同志！——同志！——”

听见卢进勇的脚步声，那个同志吃力地睁开眼睛，习惯地挣扎了一下，似乎想坐起来，但却没有动得了。

卢进勇看着这情景，眼睛像揉进了什么，一阵酸涩。在掉队的两天里，他这已经是第三次看见战友倒下来了。“这一定是饿坏了！”

这句话表达了卢进勇在看到无名战士的处境后怎样的心情？

他想，连忙抢上一步，搂住那个同志的肩膀，把那点青稞面递到那同志的嘴边说：“同志，快吃点吧！”

那同志抬起一双失神的眼睛，呆滞地望了卢进勇一眼，吃力地抬起手推开他的胳膊，嘴唇翕动了好几下，齿缝里挤出了几个字：“不，没……没用了。”

卢进勇手停在半空，一时不知怎么好。他望着那张被寒风冷雨冻得乌青的脸，和那脸上挂着的雨滴，痛苦地想：“要是有一堆火，有一杯热水，也许他能活下去！”他抬起头，望望那雾蒙蒙的远处，随即拉住那同志的手腕说：“走，我扶你走吧！”

那同志闭着眼睛摇了摇头，没有回答，看来是在积攒着浑身的力量。好大一会儿，他忽然睁开了眼，右手指着自己的左腋窝，急急地说：“这……这里！”

卢进勇惶惑地把手插进那湿漉漉的衣服。这一刹那间，他觉得同志的胸口和衣服一样冰冷了。在那人腋窝里，他摸出了一个硬硬的纸包，递到那个同志的手里。

战士是无名战士，火柴是平常物件，这样安排有什么用意？

那同志一只手抖抖索索地打开了纸包，

那是一个党证。揭开党证，里面并排着一小堆火柴。焦干的火柴、红红的火柴头簇集在一起，正压在那朱红的印章的中心，像一簇火焰在跳。

“同志，你看着……”那同志向卢进勇招招手，等他凑近了，便伸开一个僵直的手指，小心翼翼地一根根拨弄着火柴，口里小声数着：“一，二，三，四……”

一共有七根火柴，他却数了很长时间。数完了，又询问地向卢进勇望了一眼，意思好像说：“看明白了？”

“是，看明白了！”卢进勇高兴地点点头，心想：“这下子可好办了！”他仿佛看见了一个通红的火堆，他正抱着这个同志偎依在火旁……

就在这一瞬间，他发现那个同志的脸色好像舒展开来，眼睛里那死灰般的颜色忽然不见了，爆发着一种喜悦的光。只见他合起党证，双手捧起了它，像擎着一只贮满水的碗一样，小心地放到卢进勇的手里，紧紧地把它连手握在一起，两眼直直地盯着他的脸。

“记住，这，这是，大家的！”他蓦地

一连串的语言、动作描写，凸显了火柴的珍贵，更让“无名战士”的形象熠熠生辉，震撼人心。

抽回手去，深深地吸了一口气，用尽所有的力气举起来，直指着正北方向："好，好同志……你……你把它带给……"

话就在这里停住了。卢进勇觉得自己的臂弯猛然沉了下去！他的眼睛模糊了。远处的树、近处的草，那湿漉漉的衣服、那双紧闭的眼睛……一切都像整个草地一样，雾蒙蒙的，只有那只手是清晰的，它高高地擎着，像一只路标，笔直地指向长征部队前进的方向……

高高擎起手，指向长征方向的动作，像一座雕像，与前面的肖像描写相结合，这些细节充满了感人的力量。

这以后的路，卢进勇走得特别快。天黑的时候，他追上了后卫部队。

在无边的暗夜里，一簇簇的篝火烧起来了。在风雨、在烂泥里跌滚了几天的战士们，围着这熊熊的野火谈笑着，湿透的衣服上冒着一层雾气，洋瓷碗里的野菜"嗞——嗞"地响着……

想象一下这幅画面——无名战士用生命保存下来的火柴，温暖了这无边的暗夜。

卢进勇悄悄走到后卫连指导员的身边。映着那闪闪跳动的火光，他用颤抖的手指打开了那个党证，把其余六根火柴一根根递到指导员的手里，同时，又以一种异样的声调在数着：

"一，二，三，四……"

学习提示

王愿坚曾说，他已不能确切说出，他写《七根火柴》的时候，到底是想起经历中的哪件事、哪一只手，但在大约短短的两千字里，却凝结了他在战争中直接获得的生活和生命体验；关于人的手和心灵，关于战争中人和人的关系，以及战士们的勇敢和忠诚。《七根火柴》写的是长征时期的事，而且是六十多年前写的，可如今重提它、谈论它，依然有重要意义，它不只属于过去，也属于现在和将来。小说中迸发出的革命精神的火光，仍能点亮我们的心灵。

读完小说，你觉得主人公是谁？是卢进勇，还是无名战士？请说说你的理由。

2. 小董爬雪山的故事

⊙高宏群

女战士，13 岁，故事开篇点出这两点有什么作用？

红军女战士小董，1935 年 10 月随红军长征的时候，才 13 岁。在金沙江畔，听说要爬大雪山，小董他们这些小红军别提多高兴啦。当时正值五六月份，身着单衣都热得直冒汗水，远远看到山上全是白雪，小董浑身痒痒的，心想到了山上肯定凉快得很，那多舒服呀！

登山的前一天，战士们除了领到些许干粮外，每人还发了几个小辣椒。小红军们怕辣，都不愿意带辣椒。当地的一位向导告诉他们："爬雪山时，不能东张西望，后面的人只能看着前面人的脚后跟儿往上爬。实在冻得不行，就嚼一小口辣椒增加点儿热量……"

第二天一大早，部队开始向雪山进发了。到了雪山脚下，有一条小河，河水从雪山上淌下来，夹杂着厚厚的树叶和杂草，像黄汤似的。当地的老百姓说这是“仙人茶”，但喝下去却是又涩又臭。

开始上山了，向导让每个人用毛巾把头包起来，只露出一双眼睛看路。刚爬山时，天气还很热，大家的兴致很高，都想早一点爬到山顶，看看雪山的全貌。爬到半山腰，开始起大风了，寒风瑟瑟，草枝摇曳，像初冬一样；再往上爬，太阳看不见了，雪花飘飘，满山遍野银装素裹，积雪不知有多厚，就像进入了冰窟一样。山上凹凸不平，雪洞一个接着一个，一旦不小心掉进雪洞里，就很难被救出来。不知是哪支部队的一名战士摔到雪洞里去，大家费了很多周折才把他拉出来，结果他的脸、手和脚都被冰块扎得血淋淋的。

第二次写到天气热，与后面雪山的奇寒形成反差。

快爬到山顶的时候，云彩不知什么时候飘到脚下去了。雪下得更大了，时而还夹杂着李子大的冰雹。山上没有树木，也没有野草，雪光刺得让人睁不开眼睛……越往上爬浑身越难受。小董只觉得头晕眼花，呼吸急促，身体发软，一阵恶心。她真想坐下来好好休息一会儿，但向导的话在耳畔响起：“再累也

注意关注文中表示地点变化的词语，把握本文的叙述线索。

不能坐下，坐下你就甭想起来！”

爬到雪山顶上，空气更稀薄了。炊事员郭大叔平时对小董可好了，他背着一口行军锅，拄着一根木棍，在山上走着走着就倒在雪地里，牺牲时双手还紧紧地抓着锅沿儿不放。小董真想大哭一场。可是，当时部队不许停下，战友们把老郭抬到稍背风的地方，用雪掩埋后就继续上路了。

为什么用“牺牲”这个词？

山上的风，呼呼地嘶叫着，把地上的雪卷起来和天上正飘着的雪搅在一起，如同大海里的波涛，一个漩涡接着一个漩涡地咆哮着。战士们大多穿的是单衣，有的同志还光着脚丫，雪像铁沙子似的打到脸上身上，让人疼痛不已。小董头上好像戴着一个大酒篓一样，头重脚轻，身子直摇晃。部队的一位首长在风雪中使劲拉着小董，一边走一边吓唬她说：“小鬼，坚持走哇！不能坐下，一坐下可就要成仙女啦！”

生动形象地写出自然环境的恶劣，想象一下这幅画面，体会修辞手法的魅力。

首长的话让你有怎样的感受？

要下山了，很多人陆续坐在积雪稍厚的雪坡上往下溜，一溜就是几十米远。小董如释重负，也学着往地上一坐就跟着战士们溜了下去。溜到半山腰，小董的头才慢慢地轻松了些，呼吸也渐渐地均匀起来。

就这样，红军女战士小董，凭着自己坚强的意志，胜利地随着大部队翻过了大雪山。

13 岁的红军女战士，胜利地翻过了雪山，凭借的仅仅是自己坚强的意志吗？说说你的看法。

学习提示

故事开始写到“听说要爬大雪山，小董他们这些小红军别提多高兴啦”，这与后面过雪山时极端的自然环境形成对比。以“小红军”作为“点”，写出了红军战士们顽强的意志和坚定的信念。人若无坚定信念，难以在如此恶劣的环境中前行。没有什么能阻挠红军大部队，他们迈着坚毅的步伐，朝着光明的方向前进。

阅读时注意关注地点的转移和环境的描写，还可以找几处触动你心灵的细节描写，细细体会。

1. 丰 碑

⊙李本深

红军队伍在冰天雪地里艰难地前进。严寒把云中山冻成了一个大冰坨。狂风呼啸，大雪纷飞，似乎要吞掉这支装备很差的队伍。

将军早把他的马让给了重伤员。他率领战士们向前挺进，在冰雪中为后续部队开辟一条通道。等待着他们的是恶劣的环境和残酷的战斗，可能吃不上饭，可能睡雪窝，可能一天要走一百几十里路，可能遭到敌人的突然袭击。这支队伍能不能经受住这样严峻的考验呢？将军思索着。

队伍忽然放慢了速度，前面有许多人围在一起，不知在干什么。

将军边走边喊："不要停下来，快速前进！"

"前面有人冻死了。"警卫员跑回来告诉他。

将军愣了一下，什么话也没说，快步朝前走去。

一个冻僵的老战士，倚靠光秃秃的树干坐着。他一动不动，好似一尊塑像，身上落满了雪，无法辨认他的面目，但可以看出，他的神态十分镇定，十分安详：右手的中指和食指间还夹着半截纸卷的旱烟，火已被雪打灭；左手微微向前伸着，好像在向战友借火。单薄破旧的衣服紧紧地贴在他的身上。

将军的脸色顿时严峻起来，嘴角边的肌肉抽动着。忽然他转过脸向身边的人吼道：“把军需处长给我叫来！为什么不给他发棉衣？”

呼啸的狂风淹没了将军的话音。没有人回答他，也没有人走开。他红着眼睛，像一头发怒的豹子，样子十分可怕。

“听见没有，警卫员？叫军需处长跑步过来！”将军两腮的肌肉抖动着。

这时候，有人小声告诉将军：“他就是军需处长……”

将军愣住了，久久地站在雪地里。他的眼睛湿润了。他深深吸了一口气，缓缓地举起右手，举到齐眉处，向那位跟云中山化为一体的军需处长敬了一个军礼。

风更狂了，雪更大了。大雪很快地覆盖了军需处长的身体，他成了一座晶莹的丰碑。

将军什么话也没有说，大步走进漫天的风雪中。他听见无数沉重而坚定的脚步声。那声音似乎在告诉人们：如果胜利不属于这样的队伍，还会属于谁呢?

2. 火　把[1]

⊙魏　巍

在全世界恐怕也找不出第二支像中国红军这样奔驰如飞的军队。如果是平原地带，他们真正放开脚步，那简直就像一条蛇在草叶上飞行。今天，经过支部书记们，支委、小组长们，党员们嘁嘁喳喳的动员、鼓动，显然又灌注进一股力量，这支部队就像着了魔似的飞得更加迅速了。认真说，这种行军，既不是通常的跑，也不是通常的走，而是介乎跑与走之间的那种持续力很强的竞走。

杨成武和王开湘站在队伍旁边，凡是经过的人都走得十分带劲，并且向他们报以微笑，用眼睛说着来不及说出的话。这些眼光如果用语言翻译出来，那就是："团长，政委，你们放心吧，我们一定会赶到的！""团长，政委，你们瞧吧，我们不会比红一团落后的！""团长，政委，你们瞧着，我们一定会给红四团添光彩的！"杨成武看着看着，心里热乎乎的，像灌注到他身上一股强大的电流。在中国红军里这是一种常有的事。有时是

---

① 节选自《地球的红飘带》，魏巍著。题目为编者所加。

指挥员把他的热情、意志和毅力灌注到战士之中，而形成一种冲决敌阵的强大力量；有时又是千百战士，把他们巨大的热力、革命英雄主义，又注入指挥员的心中，使他们不足的信心变得坚定。一种强大的革命的冲击波就是这样在他们彼此之间交流，而形成更大的声势。今天这位年轻的政治委员感受的就是这种东西。他上马走出不远，忽然从马上跳下来了。他的警卫员小白子，一向是很关心他的。现在一看他跳下来了，就跑上来说：

“政委，你有什么事吗？”

“没什么，我要走一走。”

“走一走？怕不行吧。你的伤还没好利索呢！”

“没有问题。”

小白子见说不服他，急了，就跑到前面团长那里咕哝了一阵，王开湘跑过来说：

“老杨，你是怎么回事？”

“你看大家走得多欢，我也得练一练了。”

“你那腿怕不行吧？”

“行，行。”

杨成武说着，把马缰交给小白子，嗖嗖地赶到前面去了。

上午还算顺利，下午将要越过一座高山时，山上打下枪来，部队受阻。王开湘和杨成武赶到前面，见这座山正好扼住去路，只有一条羊肠小道通上山顶，右侧是悬崖峭壁，左侧也无路可通。向导说，这座山叫猛虎岗，两边再也没有别的路了。

“老王，怎么办哪？”杨成武瞅着王开湘问。

瘦小的王开湘把那座山端详了一番，平静地说：

“攻吧，人不要多，一个班就行。”

说过，王开湘见周围的人投过怀疑的眼光，又淡然一笑，说：

“你们看雾多大，这就是掩护。”

大家一看，山上的云雾越来越浓，渐渐地连近处的树都看不清了。

“我看行。”杨成武对团长的意见表示支持。

一个班端着刺刀，带着足够的手榴弹悄然无声地向着山坡爬去。

二十分钟之后，山头上响起滚雷般的手榴弹爆炸声。

王开湘干瘦的脸上现出微笑，并且望了周围的人们一眼，意思是：“伙计们，怎么样，没有错吧！”

杨成武高兴得跳起来喊：

“吹号，赶快吹号助威！”

冲锋号吹起来了，部队冲上去了。

战斗迅速解决，溃散的敌人向北逃去。只是发生了一件不愉快的事：敌人破坏了山下的桥梁。战士们不得不临时砍树搭桥，竟误去了两个小时。

天黑下来了。

又走了十多里路，已是人马苦饥，行进速度明显地慢了下来。欢声笑语没有了，没有人再说话，代之而起的是饥肠辘辘声。这里一声咕噜噜，那里一声咕噜噜，形成了一个恼人的令人啼笑皆非的大合唱。指挥员当然觉察了这种形势，因为他们自己的肚子也早就参加了这个合唱。

王开湘走到杨成武身边，压低声音说：

“老杨，吃饭还是不吃饭哪？部队恐怕有点儿顶不住了。”

杨成武掏出怀表看了看，样子很为难，沉吟了半晌才说：

“现在是七点多一点，还有一百一十里路，夜路更难走了。如果找地方做饭，吃饭，至少要两个小时，六点以前是肯定赶不到的。团长，你看呢？”

王开湘没有说话。杨成武又说：

“我看还是再坚持一下吧。每个人米袋里都有生米，通知他们吃几把，再喝点水……”

王开湘同意了。

人们一边走一边打开米袋，对于饥饿的人，那生米嚼来也很香甜。再喝一点凉水，脚下就又增加了速度。

谁知走出不远，天色愈来愈黑。从天际到河谷，闪电由疏而密，渐渐像千百个大红伞、小红伞闪个不停。蜿蜒在山腰间的这支队伍，不时地显现出紧张行军的壮丽姿影。雷声也由小而大，一阵紧似一阵，以宏大的声势与大渡河的浪涛声汇在一起。顷刻间，一场暴风雨袭过来了。像小石子般的大雨点，向这支饥饿疲劳的队伍毫不留情地扫了过来。不到几分钟，整个队伍就像从水里捞出的一样。而整个山谷正像一锅煮开了的水似的喧嚣不已。

暴雨过后，雨却没有停下来，夜色更浓黑了。刚才还能乘着闪电紧跑一截，现在却黑得难以举步。加上道路泞滑，人们不时地乓乓地摔倒在地上。如果是平时，一个响跤是会引起一阵同样脆的笑声的。而现在由于恼人的难忍的饥饿，谁也笑不出声。在这对面不见人的夜里，人们尤其怕失去联络；根据以往经验，他们就把各自的绑腿解下来，结在一起，然后拉着绑腿深一脚浅一脚地摸索前进。即使这样，还是有几个挑担子的炊事员滚到坡底下去了，费了好大劲才使他们没有同大渡河多情的浪涛同去。这时的队伍，已经慢得像一只蜗牛。

“团长，像这样子，能够赶得到吗？”

王开湘听出来是一个参谋的声音。他已经摔了好几跤了，话语中明显地带着火气。

王开湘没有回答。因为现在的速度每小时五华里也达不到。他回过头，拉拉杨成武的湿衣服，悄声地说：

“老杨，怎么办？”

杨成武也没有回答，像在沉重地思考着。

这时，忽然有人惊呼了一声：

“火把！是敌人！”

杨成武向对岸一望，果然是红通通的火把！一支、两支、三支，愈来愈多。顷刻间，长长的连绵的火把，沿着对岸不停地向前移动。

“是向泸定桥增援的敌人！”王开湘喃喃自语地说。

杨成武心中忽然像火光似的一亮，兴奋地对王开湘说：

“我们也点起火把！”

“敌人不是马上就会发觉吗？这里河面是很窄的。”

“我们可以装敌人呀！”

王开湘沉吟了一下，说：

“行！”

队伍在一个村子里停住。把老百姓的竹篱笆整个买了下来，然后扎起火把。参谋们还找了几个四川俘虏和团部的号目，分别布置了工作。

队伍继续前进了，一眼望不到头的通红的火把，盘山绕岭地向着泸定桥奔驰前去。

果然，时间不长，对岸就响起了尖厉的号音，在问讯这里是什么部队。司号员立刻按敌人的号谱做了回答。这一切都做得从容而得当。

但是，事情似乎还没有完，对岸又有几个四川口音高声叫道：

“喂——喂——你们到底是啥子部队？”

几个四川俘虏用原来的番号做了回答。对方不言语了。

“对嘛，这本来也是真话！”杨成武举着一支红艳艳的火把，年轻的脸上露出微笑。

雨仍然没有停下来的样子。为了按时赶到，杨成武同团长商量，决定把影响速度的重火器、牲口驮子、伙夫担子，以及首长的乘马，全部留在后面随队跟进。王开湘表示同意，但对杨成武的乘马却不同意留下，理由是他的伤还没有全好。杨成武急了，把手一甩说：

“团长，你就听我一次吧！大家都在走，我这个政治委员怎么好骑在马上呢？”

说过，他已经插进队伍里走了。

人们高举着火把前进。速度的确加快了许多。但是那风声、雨声、大渡河的隆隆声，以及山洪的暴响声，仍然慑人心魂。尤其是上上下下的羊肠小路，其滑如油，不断有人摔得仰面朝天，人们简直是在泥里水里爬着滚进。然而，人们的劲头儿却比刚才更足了，因为在不过一百米的对岸，就是敌人，正是敌我双方在进行着一场竞走比赛，怎么能落到敌人后面去呢！渐渐地，雨越来越大，夜越来越深，人们忽然发现对岸的火把停住了，一支接一支地熄灭了。

“他们不走了！”人们纷纷惊喜地说。

“是的，他们熬不住了。”杨成武又在火把下微笑地说。他掏出心爱的怀表看了看，正是午夜一时。“同志们，快一点走，六点钟以前赶到还是有希望的！”

火把，一支又一支的火把，行进得更迅速了。它简直像一条蜿蜒的赤龙在向前飞翔。在这漆黑的夜里，在这无边的风雨之夜，还有什么更美丽的事物吗？没有了，没有了，只有这红艳艳的火把！因为那上面寄托着整个中国大地的希望，甚至是整个进步人类的希望。在浓黑如墨的夜色里，一支支的火把，就像一个个红红的嘟着嘴儿的桃子，也像火把下一颗颗赤红的心！

3. 唯一的红军

⊙张　炜

也许是我们这个地方过于人烟稀少了，方圆几十里只有一个红军。

我们大家都认识他，闭着眼睛就能想起他的容貌来，以至于认为所有的红军都是这个样子。他中等个子，表情肃穆，穿了一身黑色的衣裤。我好像记得，他的裤子永远只到膝盖那儿。他的鼻子在战斗中挨过一枪，后来修复了，结果成了一个横宽的鼻子。然而我们一点也不觉得他难看。他说话的时候鼻音很重，这就显得越发威严。他的头发没有脱落，但几乎全白了。他不抽烟，也不喝酒，生活极其严谨。虽然年岁很大，但走起路来腰一点不躬，那是真正的军人的步伐。

有一天，我们的学校像过一个盛大的节日，因为到处都贴上了红色的标语，上面写着“向老红军致敬”……

那一天我们都处在激动的期待中。老红军来了。他给我们讲了红军长征的故事，讲了怎样吃草根和皮带。我们宁可放弃一场电影，也不愿放弃这种机会。老红军身上伤痕累累，但我们可以看到的只是他受伤的鼻子。他威严的眼睛望着我们，话语迟钝。他让我们好好学习，说我们都是未来的栋梁；他们当年艰苦卓绝的斗争，有很多伟大的目的，其中一条就是为了让我们像今天一样，安静地坐下读书。

主持会议的一个老师听到这里，泪水滚落下来。这一下引发了我们大家的泪水，大家都哭成了一片。

老红军坐在台上，认为我们没有必要这么哭。他高声地喊了几句，我们都睁着泪眼抬起头，他接着讲下去。他认为我们的建设还很不够，比如通向海滩的只是一条羊肠小道，将来如果发生了事情，那就不好办。即便不发生事情，也不利于生产。一辆车子也开不到海边上去，这怎么能行？他说到这里，把拳头在桌子上重重地捣了一下。

我们就是这样认识了当地唯一的红军。我们觉得幸福极了，好像也一下长大了。一个见过红军的人，一个聆听过他的声音的人，不可能是一个奶腥味十足的孩子。

那时候我们四处宣扬：通向大海的，不久将有一条平坦的大马路。其实我们什么也不知道，我们只是那天听老红军这样讲，我们认为他说过的话，肯定是没有错的。不久，四周的人真的被动员起来，他们担土推车，硬是铺起了一条土路，它向着大海延伸。

我们学校也出动了。老师带着同学，挑着筐子，年龄大一些的同学就推起了手推车。由于荒滩上尽是沙土，所以我们要从很远的地方拉来黏土和石块，这是一项耗资巨大、旷日持久的工程，但我们都不气馁。肩膀压肿了，汗水湿透了衣衫，可我们没有一个想要停止。我们眼前闪动着的，是老红军的形象。

大约用了一年多的时间，一条宽阔的马路修成了。打那以后，人们到海滩去，可以骑自行车，可以用胶轮车运送小船和网具。总之，这条大路和老红军的名字连到了一起。

二十年后，这条路又铺上了柏油，海滨立起了一座座漂亮的建筑。那些水泥、钢材，一切的一切，都是从这条路上源源不断地输送过去的。没有这条路，就没有海滨的一切。有人从那座小城到海上去玩，也可以坐上小车，来回一个多小时就能在海滩上兜一圈。如果没有这条马路呢？那时一切将是另外一副样子。

当我们在荒滩上长途跋涉，皮肤上的汗水混杂着草籽沾在身上，被蚊子和百刺毛虫叮咬得处处红肿的时候，当汗水渗到眼睛里，泪水不断涌流的时候，我们从来也没有停止脚步。那时我们想到的只是长达一万里的跋涉。我们仿佛看到了天上的飞机，身边的弹雨。一个老人——就是那个老红军，好像一开始就是这么衰老，就是这么威严；他扛着一面旗帜，踉跄地奔突。身边是青色大马，马上坐着另一个身材颀长的、消瘦的、奄奄一息的红军。他军帽上的五角星耀眼地亮，穿着破衣烂衫，满是损伤的皮肤从破碎的军装里裸露出来，有的地方淌着血。他几乎是横在马背上，由另一个人在一边照看。一些满面灰尘的女军人在四周奔跑，她们浑身都挂满了污泥，头发乱得像鸟窝。远处有人呐喊，像发生了什么严重事故。这边的队伍稀稀落落，队伍的另一端好像还发生了枪战……老红军命令身边的人快走，随手打了青马一掌。青马无精打采地瞥了一眼，步子稍微变快。枪声越来越密，呐喊和拼杀越来越近。

老红军坐在地上。那些人带着满身的泥巴和伤痕急匆匆地走去。往前望去，他们和大青马已经离开二里之遥。一群满脸血痕的红军奔涌过来。老红军仍然坐在那里。他从腰上抽出驳壳枪，挥动一下，他们走得更快了。

当他们全部跑过时，他就卧下来，爬进了一团浓密的茅草里。

不知停了多长时间，又过来一帮穿着比较整齐的军人，他们就是追赶红军的敌军。这支队伍往前跑着，刚刚跑了几百米，老红军就在他们背后开枪了。他一个点射，骑在马上的一个人就跌下去了；接着又是一枪，又有人落马。

敌军乱起来，马头相对，互相冲撞。但他们很快反应过来，回头把队伍拉成八字形往前逼近。

就在那一天，老红军突围的时候受伤了。他的鼻孔堵塞，不能够呼吸，大口大口地吐血。他以超人的毅力往前挣扎。后来他终于跑到了一个伤兵收容站，在一个婆婆妈妈的首长眼前昏了过去。

这一次老红军差点送命。他在一个多月的时间里，前后被五六拨人抬过，但他都从担架上滚落下来——他坚持拄一根柳棍往前挪动。当他实在落得很远的时候，首长就让人重新把他抬起。

有一天他昏死过去。因为伤口发炎，整个脸都肿起来。大家认为他没救了。

队伍起程的时候，他一个人偷偷钻入一片丛林，他想让自己死在这儿。如果不是战友早就察觉了他的意图，两天前就收走了他的枪，一切也就简单了。他不愿给队伍带来麻烦，想等队伍走开后，再让自己静静地死去。

队伍就要起程了，首长喊破了嗓子，命令一个连四处搜索。有的女兵呜呜地哭起来，老红军躲在林子里，泪水一串串流下。他不记得以前这样哭过。听着战友呼喊的声音，心里好难受。

他们呼喊着，简直在哀求他出来。

革命队伍就要出发，时间一分一秒流逝，分分秒秒贵如黄金。他的心软了，从林子里爬出来。

他没有死去，而是成为队伍中一个专门品尝草根的人。他要把那些新采来的陌生草根一一咀嚼，试试有没有毒。他一次也没有遇到危险。当首长知道他主动分担了这个工作时，感动得不知怎样才好。他对首长说："我已经是个废人了。"首长说："不，队伍还需要你来打旗呢，你万万不能死去。"

老红军眼睛闪烁出幸福的泪花。他直盼着举起那面红旗。那面血迹斑斑的红旗，如今在哪里飘扬？身边的人都是另一个团的。他向他们打听。他们极力地回忆，答应把他尽快送到原来的队伍中去。

老红军以超人的毅力挨下来。后来他的伤口好了。再后来，他追上了自己的队伍。

这就是我们知道的全部战斗历史。它在我们心中永远闪耀着光辉，没有人能把它从我们心中抹掉。二十年过去了，当有人谈到“红军”两个字，我们眼前立刻会出现一面哗哗抖动的红旗，想想心目中的那个老人。他就是最严峻的历史，是一个浴血战斗的故事。他站在了这块平坦的土地上，正把自己的声音送给正在成长的后一代。

自从公路修起以后，荒原上就变得忙碌了，人们似乎再也不能容忍有了一条大动脉的荒原还在沉寂。于是一群群人拥到海上捕鱼，到荒原伐木，采药材，割草。荒原做出了无私的奉献，好像它是取之不尽的，那么多的木材，那么多的干草，以及那么多的渔产品，源源不断地从马路上运出。

我们的学校又一次动员起来了，大家都投入了开发荒原的大潮之中。我们举着旗帜，这旗帜上就写着我们学校的名字。好像我们都在老红军的指挥下，迈入这伟大的战斗行列。

上级发出一个命令，让学校和周围的村庄一起，组成一个又一个垦荒队，把整个荒原都开发出来，建成一个粮食基地。沙滩上不但要刨去树木，除掉茅草，还要垫上厚厚的一层黑泥，改良出第一流的土壤，种植小麦和玉米。有的地方要办农场，还有的地方要种水果。

一声令下，人群在一个严寒的冬天，拉着帐篷，浩浩荡荡开往海滩。接着是放火烧荒，有了浓烈的烟味。只要北风刮起，烟味就更重。深夜，登上屋顶，就可以望见北方那一片红色的大火。火焰燎着星星，传来一阵奇怪的声音。有人说那是星星被燎疼了，星星在吱吱尖叫。

海滩上到处是被烧掉的草皮，有的地方积了厚雪，火就熄灭了。于是当太阳出来时，大地像一个野兽换掉的皮毛一样斑斑点点。帐篷里满是散发着臭味的皮靴，肮脏的衣裤；行李卷上闪着油光，旁边是马灯、碗筷和熏黑了的水壶。整个海滩就像军营一样。到了夜晚，有的地方燃起了鞭炮，还有的地方燃起了篝火。闭上眼睛，会误以为来到了战场。

就在我们学校开上荒原的第二天，传来一个奇怪的消息：老红军跟上面的一个大人物吵起来了。

我们大家都惊奇地问，老红军为什么发火？嫌我们干得不快吗？传递消息的人连连摇头："恰恰相反。老红军说他让人们修这条马路，不是为了让人们踏着它进来糟蹋草原和树林的。他只是为了修一条通向原野和大海的马路。他让他们赶紧撤回，不准在海滩上点火，不准伐树。领导人不同意，他们就吵起来……"我们一下给弄懵了。这种雄壮的场面本应与老红军的形象连在一起呀，他怎么会反对？不久，我们就在荒滩上发现了他的影子。

那是一个大雪天，我们从帐篷出来，一转脸，看到从马路斜坡上下来一个手持拐杖的人，都觉得他的身影有点儿熟悉。我们往前走了几步，看出他正是老红军！他正艰难地往帐篷边上走。他掀开一个帐篷的帘子，看了看里面酣睡的人，又往另一个帐篷走去……我们跟在他的后面，悄悄地不吱一声。后来我们见他蹲在那儿，双手抖动，伸出手里的锹柄，轻轻地把那层雪幔拨开，露出了一片未燃的茅草。他伸手抚摸着，一直抚摸了五六分钟。后来他又用锹柄轻轻地覆上白雪，这样待了一会儿，他又站起往前走。起风了，一股白雪撩开他的衣襟，冲进他的胸口那儿。他像没有看见，昂起头，四下遥望。更远的地方，透过雪雾可以望见另一片帐篷的影子。他长长叹了一声，往那儿走去。

我们这时更加迷惑了，不知老红军是什么意思——他为什么来到荒原……这之后，大约有一个多月的时间，我们的垦荒队差不多大获全胜了。视野之内，所有的茅草和树林全部被我们干掉了。新翻的土地上，无数的草根和树棵都被铁耙子拉出，汇到一起，晒得焦干之后又被烧成灰烬。

也就在我们欢庆胜利时，一个噩耗传来——老红军去世了。

开始大家都不信，同学们互相眨着眼睛，愤恨地看着那个传递消息的人。

当天下午，所有帐篷里的人都集中到一起，看着一辆车从马路上疾驶而来。

车上跳下一个穿着黄色军大衣的领导，他主持召开了荒原大会。会上，他号召我们化悲痛为力量，沿着老红军指引的道路，把我们这里的事业进行到底。人们呜呜哭出了声音，凄哀的声音盖过了海潮……再也没有红军了。他让我们开出了一条通向大海之路，我们就沿着这条路走向了阔大的原野，进而又改变了这片原野。可这到底是不是老红军的意愿呢？没人知道。

二十年后的今天，我怀着无比悲凉的心情，一次又一次踏上这条路，去寻找心中唯一的红军，寻找他遗落在荒原上的声音。

举目四望，苍苍茫茫。由于失去了茅草和树林，失去了一片绿洲，多年的北风掀起的黄沙彻底毁掉了粮田，那一个个沙丘像巨大的坟墓一样，罗列在视野内。这里埋葬着老红军的愿望吗？埋葬着老红军的真正意图吗？我大声地询问。

得不到回答……

爱国名言集锦（二）

带长剑兮挟秦弓，首身离兮心不惩。

诚既勇兮又以武，终刚强兮不可凌。

身既死兮神以灵，魂魄毅兮为鬼雄。

——屈原《九歌·国殇》

（译文：佩带长剑啊挟着强弓弩，身首分离啊心里毫不畏惧。实在勇敢啊富有战斗力，始终刚强啊没人能侵犯。身已死亡啊精神永不死，您的魂魄啊是鬼中英雄。）

4. 悲壮草地行（节选）

⊙孟　红

五十年后的一九八四年六月，草地依然如故。夜间，大地结满了银霜，气温在零下六七摄氏度；黎明时，天气还是好好的，红艳艳的太阳钻出地平线照耀着草地；可是，早上八时，天色突然变暗，乌云聚积起来，开始下起了蒙蒙细雨，一切都在雾气中变得朦胧灰暗。接着大雨和着狂风倾盆而下，瞬间又是雨雪交加。没过多久，纷飞的鹅毛大雪遮盖了道路、草地和山峦，到处茫茫一片，赶路的马帮躲避在背风的地方，一群群的牦牛和绵羊变成了缓缓移动的雪堆。大雪下了两个小时之后减弱了下来。旷野上又刮起了大风，风中的太阳变得苍白、黯淡，颤颤发抖。风没有停，又下起了雨。到了后半晌，天空露出了湛蓝，阳光普照，白雪融化了，使人感到一丝春意；但当太阳的光辉沉落在黄河彼岸的时候，春意便在冰霜中消逝了。

红军一踏进这片草地“魔毯”，就经受了来自大自然无情的严重的挑战。茫茫草地确实无路可走。前面先行摸索的红四团依靠藏族向导的指引，才踏着千年沼泽的草甸，在水草深处找出一条曲折的小路来。可是，由于红军进入草地后连日阴雨不断，雨水不仅湿透了战士们的衣服，还淹没了先头部队设置的路标和部队行进的路线。在草地的有些地段，连续几十里水深没膝，甚至藏族向导也难以找到过去牧骑留下的过路痕迹，有些战士因此而身陷淤泥。有时，当一个战士腿陷泥潭，身旁的战士急忙伸手拉而用力过猛时，自己反而也陷了进去；另一位战士奋不顾身再上去抢救时，结果还是陷了进去。就在这十分危急的时刻，其余的战士赶快解下几条绑腿带，将带头抛给陷进泥潭的战士，让他们缠在腰间，才把他们逐个拉上来。更糟糕、痛心的是，当一个战士陷进泥潭，还来不及抢救，就已经没顶，被污泥无情地吞噬了。红军战士们只好一个紧跟一个，从一个草甸跨到另一个草甸，跳跃着前进。但是，有些骡马牲畜陷入泥潭后拼命挣扎，结果越陷越深，庞大的身躯很快就被淹没了，水面上留下的只是一串串水泡。

红军战士们行进在茫茫草地，除偶尔能看到零星的灌木丛出现于缓坡平岗之外，连一株树木也见不到。缺乏判定方向的参照物，常常使其难以辨别方向，以至于有时艰难地行进了半天，才发觉仍旧回到了原地，很让人啼笑皆非。

草地行军中最大的威胁是饥饿，它时时困扰着疲惫不堪的红军将士。进入草地之前，各部队尽管都充分筹粮，但在川西北物产不丰的贫瘠之地，难以达到每人备粮 5 至 7.5 公斤的要求，有的部队甚至只筹到两天的干粮。进入草地之后，战士们身上背的一小袋青稞麦粒或青稞麦粉就成了他们的救命粮。麦粒一颗颗地数着吃，麦粉一小把一小把地省着吃。当麦粉被无情的雨水淋湿后，便成了难以下咽的黏疙瘩。更为不幸的是，倘若有的战士不慎摔倒了，有毒的污水浸泡了干粮的话，他将立即陷入断粮的绝境。虽然战士们视粮食如生命，尽量节省，可是客观上准备不足，又无法及时得到补充，行程未及一半，有的部队就告断粮。

为了维持生存，战士们不得不在草地里寻找野菜来充饥，有的战士甚至因误食了有毒的野菜而牺牲。为此，卫生部门挑选指定了几十种可食的野菜，以供部队寻找食用。当可食的野菜吃完之后，便不得不宰杀坐骑或其他牲畜。当牲畜不能再宰杀时，战士们只好煮食自己身上穿用的皮带、皮鞋等，甚至仅仅烧一点开水来充饥。

红军战士们一面忍饥挨饿，一面还要艰难地在草地上跋涉，体力渐渐不支，不少战士走着走着，就会突然倒在野草鲜花之中，再也起不来，永远告别了这个世界。

饥饿如此肆虐，甚至夺去一些战士的生命，还有一个可怕的“敌人”，就是高原的寒冷无时不在侵袭衣裳单薄的红军战士们。草地的 8 月，本是最暖和的季节，白天最高气温可以达到 30 摄氏度，可一到了晚上，气温骤然降至零摄氏度左右，温差在 25 摄氏度以上。

红军是远征之师，战士们体弱衣单，疲病交加，加之内无果腹之食，外无御寒之衣，饥寒交迫，那种生存极限的挑战到了无与伦比的地步。

单元学习任务

任务一

长征，是人类历史上的伟大壮举，长征精神已经深深融入中华民族的血脉，成为鼓舞和激励中国人民的强大精神动力。请阅读本单元文章，说说这些文章所体现的长征精神的内涵，并以思维导图的形式整理出来。

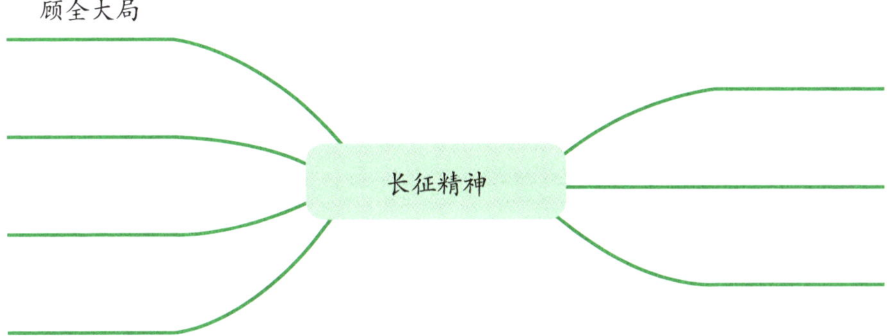

任务二

本单元继续精读。本单元文章内容丰富，综合使用记叙、描写、抒情、议论等多种表达方式表现革命精神与情怀。仔细阅读这些文章，找出体现人物精神和文章主旨的语句细加品味，完成下图。

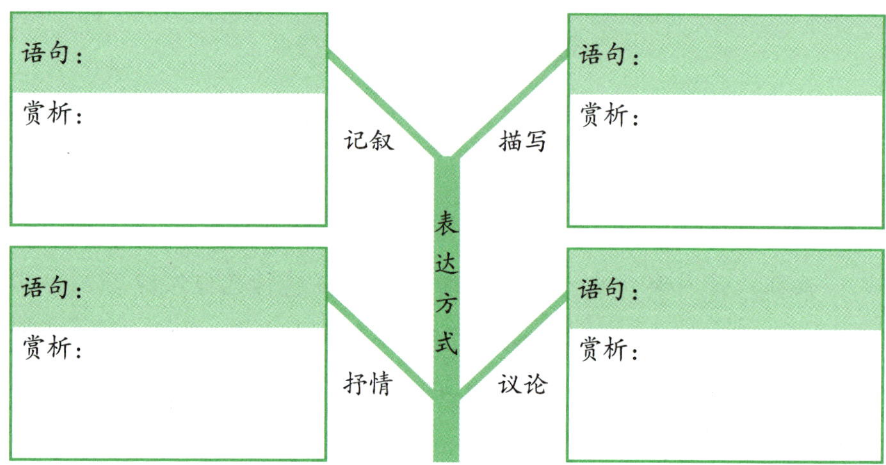

任务三

1934年10月，中央红军主力开始长征，1936年10月，红军三大主力会师，标志着万里长征的胜利结束。其间，共经过14个省，翻越18座大山，跨过24条大河，走过荒草地，翻过雪山，行程约二万五千里。关于长征的资料很丰富，你对哪些方面感兴趣？请你确定一个主题，利用网络、图书馆、访谈调查等方式，搜集相关资料，以资料卡片的形式保存（也可以自行制作资料卡片）。

资料卡	
主题	
内容摘要	
备注	

保家卫国

歌曲《国家》中唱道："都说国很大，其实一个家。一心装满国，一手撑起家。家是最小国，国是千万家。在世界的国，在天地的家，有了强的国才有富的家。"没有国，哪有家？国富民就强，国破家就亡。当侵略者的铁蹄践踏中国大地时，身为中华儿女定会挺身而出、浴血奋战！孟子说："天下之本在国，国之本在家，家之本在身。"我们与祖国同呼吸，共命运。

阅读本单元文章，同学们要注重涵泳品味，进入文章的情境之中，调动起体验与想象，感受作者的情怀；还要学习做批注，记下自己的点滴体会。

1. 战　士

⊙孙　犁

村妇淘菜、小战士捉鱼的场景，祥和、有趣，富有生活气息，作者用诗一样的语言诉说着人们对和平安宁的渴望。

那年冬天，我住在一个叫石桥的小村子。村子前面有一条河，搭上了一个草桥。天气好的时候，从桥上走过，常看见有些村妇淘菜；有些军队上的小鬼，打破冰层捉小沙鱼，手冻得像胡萝卜，还是兴高采烈地喊着。

这个冬季，我有几次是通过这个小桥，到河对岸镇上，去买猪肉吃。掌柜是一个残疾军人，打伤了右臂和左腿。这铺子，是他几个残疾弟兄合股开的合作社。

第一次，我向他买了一个腰花和一块猪肝。他摆荡着左腿用左手给我切好了。一般的山里的猪肉是弄得粗糙的，煮的时候不放盐。当我称赞他的肉有味道和干净的时候，他透露聪明地笑着，两排洁白的牙齿，一个嘴角往上翘起来，肉也多给了我一些。

第二次，我去是一个雪天，我多烫了一小壶酒。这天，多了一个伙计：伤了胯骨，两条腿都软了。

三个人围着火谈起来。

伙计不爱说话。我们说起和他没有关系的话来，他就只是笑笑。有时也插进一两句，就像新开刃的刀子一样。谈到他们受伤，掌柜望着伙计说：

“先还是他把我背到担架上去，我们是一班，我是他的班长。那次追击敌人，我们拼命追，指导员喊，叫防御着身子，我们只是追，不肯放走一个敌人！”

“那样有意思的生活不会有了。”伙计说了一句，用力吹着火，火照进他的眼，眼珠好像浮在火里。掌柜还是笑着，对伙计说：“又来了。”

伙计为什么有这种感叹？

他转过头来对我：“他沉不住气哩，同志。那时，我倒下了，他把我往后背了几十步，又赶上去，被最后的一个敌人打穿了胯。他直到现在，还想再干干呢！”

伙计干脆地说：

人物对话简洁传神，寥寥几笔就写出人物身上潜藏的精神和情感。你能感受到吗？

“怨我们的医道不行嘛！”

“怎样？”我问他。

“不能换上一副胯骨吗？如能那样，我今天还在队伍里。难道我能一辈子干这行当吗？”

“小心你的眼！”掌柜停止了笑对伙计警戒着，使我吃了一惊。

“他整天焦躁不能上火线，眼睛已经有毛病了。”

我安慰他说，人民和国家记着他的功劳，打走敌人，我们有好日子过。

“什么好的生活比得上冲锋陷阵呢？”他沉默了。

第三次我去，正赶上他两个抬了一筐肉要去赶集，我已经是熟人了，掌柜的对伏在锅上的一个女人说：

“照顾这位同志吃吧。新出锅的，对不起，我不照应了。”

那个女人个子很矮，衣服上涂着油垢，正在肉皮上抹糖色。我坐在他们的炕上，炕头上睡着一个孩子，放着一个火盆。

女人多话，有些泼。她对我说，她是掌

柜的老婆，掌柜的从一百里以外的家里把她接来，她有些抱怨，说他不中用，得她来帮忙。

我对她讲，她丈夫的伤，是天下最大的光荣记号，她应该好好帮他做事。这不是一个十分妥当的女人。临完，她和我搅缠着一毛钱，说我多吃了一毛钱的肉。我没办法，照数给了她，但正色说：

想一想：作者为什么要塑造一个泼辣又小气的女人形象？

“我不在乎这一毛钱，可是我和你丈夫是很好的朋友和同志，他回来，你不要说，你和我因为一毛钱搅缠了半天吧！”

这都是一年前的事了。

第四次我去，是今年冬季战斗结束以后。一天黄昏，我又去看他们，他们却搬走了，遇见一个村干部，他和我说起了那个伙计，他说：

小说主要以“我”为战士故事的叙述者，而最后叙述者又变为“村干部”，这样处理有什么作用？

“那才算个战士！反‘扫荡’开始了，我们的队伍已经准备在附近作战，我派了人去抬他们，因为他们不能上山过岭。那个伙计不走，他对去抬他的民兵们说：‘你们不配合子弟兵作战吗？’民兵们说：‘配合呀！’他大声喊：‘好！那你们抬我到山头上去吧，我要指挥你们！’民兵们都劝他，他说不能因为抬一个残疾的人耽误几个有战斗力的，他对民兵们讲：‘你们不知道我吗？我可以指挥你们！我可以打枪，也可以扔手榴弹，我只是不会跑罢了。’民兵们拗他不过，就真的带好一切武器，把他抬到敌人过路的山头上去。你看，结果就打了一个漂亮的伏击战。”

临别他说：

结尾意味深长，红火的肉铺表现出老百姓对人民子弟兵的拥戴！

“你要找他们，到城南庄去吧，他们的肉铺比以前红火多了！”

一九四一年于平山

学习提示

小说反映的虽然是战争年代的生活，但并没有惊心动魄的场面，没有紧张激烈的氛围。作者用诗意的语言，丰富的情感，讲述了抗战中几位受伤战士的故事，真实生动地展现了这一特殊群体的精神风貌，让我们感受到：在这片古老的土地上，到处都有战斗的力量；在这片温暖的土地上，到处都有必胜的希望。

在孙犁的笔下，人物形象立体丰满：掌柜热情而开朗，掌柜的老婆泼辣而小气，伙计英勇善战。想一想：小说的主人公是谁？伙计的性格还有什么特点？

2. 船夫曲

⊙魏钢焰

多喝了两杯辞岁酒，心头热烘烘的。我从房中走了出来，强劲的蒙古风，夹着塞外的雪花，向人裹来，多清爽啊！我踏着散碎的雪片信步走去。

走过那一排排的猪舍，我听见了一场有趣的对话。

“你没听说，那里是个重灾区……李书记原本要带你去，可一想，你年纪还小……”

“收起你的‘年纪小’吧！哼！”

“……好小梅咧！要听话……”小场长词穷了，“就是怕你妈不同意，那儿吃食不强……”

“人，不是光为了吃喝才活在世上的！”

这句话具有让人心动的诗意美，可见小梅年纪不大，却能认识到精神与信仰远比物质更重要。

没想到，一九六一年的元旦，我在塞外的一个农场，能听到这样动听的一段对话，听到这样亲切而动心的“诗”。我很想找个人去倾吐这感情……

推开房门一看，李书记已经睡下了。我走过去，想叫醒他……

“当啷！”我碰倒了他立在炕角的粪杈。我轻轻扶起粪杈，一看，杈尖都磨秃了。

听说有这么个故事。去年，他刚调到一个历年缺粮的落后队去，召集干部来开会。人们对他的狠劲、干劲、钻劲闻名已久，便带了干粮、笔记本、皮袄，准备狠狠开一天会。一进门，他脸色就沉了下来：“怎么，都空着手来了？”干部们急忙掏出了材料和报告说：“还要啥材料、数字，我们去取！”“我要你那数字做啥？是煮呀还是炖呀！你们的粪杈呢？”干部们面面相觑。“粪都把人绊倒呀，为啥不拾？靠唾沫能打粮吗？同志啊！党派咱们到这儿来是干啥的？从明儿起，拿起粪杈来！”

一年后，这个队有余粮了。

如今，他睡得正香。这个在黄河畔当了十几年水手的人，明天，就要到一个落后的、复杂的、几乎是颗粒无收的地区去了。可是，他却扯着呼噜，眼角旁的皱纹溢出笑意，睡得那么甜！那么踏实！

风，越来越猛，它弯下腰，从高空向下俯冲。房里炉火正红，火焰像一面飘飘红旗！炉腔里呼呼作响，似千军万马在呐喊；纸顶棚如鼓风的帆一收一张，噼啪作响。我觉得，脚下波浪滚滚，耳边是船夫的呐喊……

此刻，我清晰地感觉到有一支歌，像滚滚激流涌到喉头……啊，星海，这就是你的黄河船夫曲！

作者由岁末塞外农场写到太行山的核桃林，由风雪之夜的声响想到黄河船夫曲……由此及彼，由实而虚，联想丰富，笔法灵活。

那是一九四一年吧，我在太行山的一座核桃林中，第一次听到了这首歌。

林子里黑压压、齐崭崭坐着几千战士，枪斜靠着肩膀，静悄悄地等着就要开始的演出。忽听得背后有一阵急促的蹄声。回头望时，有三个人在林边的大路上勒住了马：带头的是一个瘦削的首长，他矫健地从马身上落下地面，和参谋从草地上轻捷走来。

“噢！是唱黄河的吗？这倒要听听！”借着烟斗的火光，我看见：好一副浓黑的剑眉！

“朋友，你到过黄河吗？……”在森林的深处，一个声音亲切地发问了。指挥棒向下一劈，乐声像冲出闸门的洪水，黄河之水天上来啊！只觉得，扑面飞来的水珠，脚下滚滚的波浪；万千父老弟兄，盯着一个人的眼睛。桨板，劈动了死寂的东海；号子，震醒了沉睡的山峰。中国号，乘驾着怒吼的黄河，向前冲去！

大道上传来了脚步声，可以听出这是支有素养的战斗部队。“来了！”首长欣然地说，“还真不慢，出发！”参谋疾步向前走去。

首长注视着一个个战士的面孔，突然，脸色沉了下来。

“往哪儿躲？出来！”

思考一下：语言、动作、神态描写，写出了人物的什么特点？

一个想躲在连长身后“混”过去的小号兵，被喊住了，他狼狈地整了整帽檐，慢吞吞嘛嘛走过来。

“这不是去逛会赶集，知道咱们去哪儿吗？”

“知道！”小号兵抬起了头，一双圆圆的虎眼看着首长。

“你呀！……大娘知道你去吗？”

“她比你开通！”小号兵的嘴噘得更高了。

首长和周围的人笑了起来。

“好嘛！你还有理了！”首长伸指笑点着小号兵说，“好，好，算你能缠！……过些时候再来，现在先回去。”

小号兵像根钉子动也不动。

“为啥还不走？”首长口气严峻了。

号兵的小手紧捏鲜红的号穗，坚定地说：“部队离不开号！号，也离不开部队。”

首长全身震了一下，他眯缝起眼睛凝视着孩子的脸，半晌，说了句：“入列去吧！”

林中的合唱，在继续着：“风在吼，马在叫……”歌声像是为这支队伍送行似的。

“船夫曲”是本文的线索，在文中有什么作用？

事隔二十多年了。我不止一次想起：如今，他们在哪儿？

一九六〇年，我偶然在一张报纸上，见到了一则消息和照片：在东北某地，我部队在某将军率领下，与洪水奋战几昼夜，抢险堤，救群众……照片并不清楚，将军又是个背影，但我一下就认出来了，就是他！

“我是共产党员！”“我是共青团员！”

六亿人民面对党，面对祖国，义无反顾地争着要最重的担子、最危险的任务！

船夫曲，是一九二一年在浙江南湖的一只小船上，写下的第一个音符，听今日，六亿人民怎样唱起这英雄号子吧！

一九六一年的第一个早晨来了，白雪皑皑的沙原上，染上了橙色的霞光。

李书记披着羊皮袄，拄着他那根粪杈，立在路口，叫我们送行的人回去。那边，一个穿着枣红袄的女孩子，挑着包袱跑了过来。

“啊呀！险乎把人……跑死，我真怕你……怕你偷跑了！”她揪住李书记的袖子气喘吁吁地说。

“这憨娃娃……你场长呢？”

“没不了你的穆桂英！咱先走！”小梅扛起包袱就走，这时才看清，她挑包袱用的家伙，也是一根粪杈！

想一想：“一九六一年”可以删去吗？为什么说是“一九六一年的太阳”？

霞光从雪地上浮升起来。李书记，这个十几年的老水手和她，迎着一九六一年的太阳向前走去，迎着“黄河的怒涛”走去。

在今天，有多少新水手走上甲板？

船夫曲，开始了新的乐章！

（有删节）

学习提示

写于一九六一年的散文《船夫曲》，充满战斗的情思，跳动着时代的脉搏，没有粗犷豪放之感，有着清新含蓄之美，今天读来仍有一种诗意扑面而来，让读者有勇气去搏击风浪。文中写道：“是一九二一年在浙江南湖的一只小船上，写下的第一个音符，听今日，六亿人民怎样唱起这英雄号子吧！”船夫曲已经“开始了新的乐章”，你准备好了吗？

本文写了“李书记、小梅”与“首长、小号兵”两组人物，作者这样安排有什么用意？请简要分析。

爱国名言集锦（三）

1. 旌蔽日兮敌若云，矢交坠兮士争先。

——屈原《九歌·国殇》

（译文：旗帜之多可以蔽日，敌人如乌云一般，双方阵地上流矢交坠，冲锋的战士奋勇争先杀敌。）

2. 苟余心之端直兮，虽僻远其何伤？

——屈原《九章·涉江》

（译文：如果我的心正直坦荡，即使居住在偏远之地，对我又有什么损伤？）

1. 我怎样写《谁是最可爱的人》

⊙魏　巍

我能写出《谁是最可爱的人》，最基本的原因，是我们的战士的英雄气魄、英雄事迹，是这样的伟大，这样的感人；而这一切，把我完全感动了。

“谁是最可爱的人”这个主题，是我很久以来就在脑子里翻腾着的一个主题。也就是说，是我内心感情的长期积累。我在部队里时间比较长，对战士有这样一种感情，觉得我们的战士是最可爱的人。每当我和他们坐在一起，不知道为什么，我就觉得满心眼儿地高兴。

这次我到朝鲜去，在志愿军里，这种感情更加深了一层。我更加觉得战士们的可爱。我看到他们在朝鲜战争中，虽然面临的任务是这样艰巨，作战环境是这样艰苦，但我们战士的英勇，比起我过去在抗日战争和解放战争中所看到的，还有着更高的发展。特别这种英勇的普遍性，更是空前的。譬如，我在某步兵团曾了解到一个令人惊讶的数字，这个团，至第三次战役结束止，伤员随队作战的比送到医院休养的数字还要大。这恐怕在世界战争的历史上，也是一种奇迹！这些事实督促着我，使我有一种更加强烈的愿望来表现“谁是最可爱的人”这一主题。

现在，回过头来看，使我更明确了这一点：在现实生活中的深入感受，对写作的人是多么重要！你感受得深了，写出来，也就必然有那么一股子劲，人家读了，也就感受得深；你感受得浅，人家从你这儿感受到的，也就浅；你根本还没有感受呢，那就用不着说了。这儿，我还要强调一句，就是深入的感受，跟深入群众火热的斗争是联系在一起的，跟不断地改造自己的世界观是联系在一起的。就拿在战士中的采访来说吧，你跟他们交上知心朋友，你对他们了解得深，他们的气质、思想、感情，就会感染你，使你也沉入到他们的情绪中。也就是说，才能使你感受得更深些。

我怎样来表现这一主题呢？首先，我希图追求着最本质的东西。在朝鲜，我脑子里经常想着一个问题：我们的战士为什么那样英勇呢？就硬是不怕死啊！那种高度的英雄气概是从什么地方来的呢？为了找答案，我和人谈了好多话，开了好多座谈会。我细细跟他们谈，让他们把心里的话谈出来。跟我谈的，有指挥员、战斗英雄、一般的战士、干部、新参军的学生和过去曾经是落后的人。我了解到，他们由于锻炼和认识的不同，虽然有些差异，但是都有着共同的一点，即对伟大祖国的爱，对朝鲜人民深厚的同情，和在这个思想基础上产生的革命英雄主义。于是，我了解了在毛主席和党的教育下这种伟大深厚的爱国主义与国际主义的思想感情，就是我们战士英勇无畏的最基本的动力。我想，这不是最本质的东西吗？这就是最本质的东西。我肯定了它。我一定要反映它。我毫不怀疑。一切其他枝节性的、片面性的、偶然性的东西，都不能改变我对这个问题的认识。

问题的本质找到了，那么，应该怎么样反映这个最本质的东西呢？在朝鲜时，我曾写了一篇《自豪吧，祖国》的通讯，里面写了 20 多个我认为最生动的例子。带回来给同志们看了看，感到不好，就没有拿出去发表。因为例子堆得太多了，好像记账，哪一个也说得不清楚、不充分。以后写《谁是最可爱的人》，就只选择了几个例子，在写完后又删掉了两个。事实告诉我：用最能代表一般的典型例子，来说明本质的东西，给人的印象是清楚明白的，也会是突出的。

写战士怎样才写得生动？我觉得不仅应写战士的英雄行为，还要写出英雄的思想感情。譬如写一个激烈的战斗场面和战士的英雄行为，如果仅仅写敌人炮火多么厉害，敌人如何凶猛地往上冲，经过我们战士的一阵手榴弹，把敌人打下去了，接着敌人又第二次冲锋，第三次冲锋，我们的战士又是第二次、第三次地用手榴弹把他们打下去了，等等，很可能使读者感到我们的战士不像一个活的人，而煞像一个投手榴弹的机器。这就是只写了战士的一层皮，没有写出英雄的灵魂。把活的人写死了，把英雄的人写成了纸人纸马，再出奇惊人的事迹，也觉得不太感动人。可是，如果我们写出了战士的思想感情，那给人的感觉就会大大不同。

他们会感到：原来做出这样英勇行为的人，是跟自己一样有血有肉的人。即使例子不太突出，仍然会感人的。比如负伤不下火线的事情，这在革命队伍中，几乎是最平常的了，但如果能把一个伤员负伤却不下火线时的思想感情写出来，是会感动人的。何况我们的战士的思想感情是如此的崇高而美丽，它本身是具有多么感人的力量！

这篇东西的经验，又告诉我：一篇东西的目的性，要简单明确。一篇短东西，能把一个意思说透，的确不是一件很容易的事。可是，动起笔来，又总爱面面俱到，想告诉人家这个，又想告诉人家那个。结果呢，问题提得不尖锐、不明确，更别说深入地解决问题。因为哪个意思也没有说透，怎么能给人以深刻的印象呢？我写这篇东西之初，原也想说好几个意思，最后没有那样做。

至于为什么以通讯的形式出现呢？说到这里，又牵连到过去自己的一个老毛病。我原是个喜爱写诗的，虽然在抗战期间写过些通讯，但对通讯总不是那么看重。这次回来，又想先写别的，但又老想：这样伟大的斗争和伟大的战士必须要很快写出来啊，如果慢慢地在那儿钻长的、刻细的，最后又弄不成，怎么对得起战士们呢？这样，就着笔写了这篇通讯。这篇东西的写作经过及一点点浅薄的体会，就是这样。

一九五一年五月

2. 无线电话机旁

⊙刘白羽

战斗到了白热化的程度了。营长陈世贵把营的指挥位置移进到五分钟前夺取过来的一所房子里。

他是一个高大、年轻、面孔英俊的人。他带着很满意的心情，弯着腰，从他的炮兵阵地经过一段火力封锁地区跑进屋来。他在计算着他所掌握的火力，他把炮分布在指定地点了，把重机枪安置在离敌人一百五十米远的地方，再加上附属尖刀连[1]的重机枪，还有尖刀排、尖刀班的轻机枪……他一面走一面动着手指仔细计算，他反复慎重考虑，这样组织火力是不是正确呢？——半年以前，他在作战时简直怕团上把附属炮兵给他，那时他始终弄不清应该把炮放在哪里使用好，还老得担心别在敌人反冲锋时失落。可是过去令人头痛的事，现在他却应付裕如了，而且已经具体安排了步炮兵任务、联络信号和统一进攻的时间。现在只等那由他

① 尖刀连：人民解放军作战时候的一种战斗组织，任务是迅速地插入敌人阵地，给敌人出其不意的致命打击。

亲自规定的时间到来，就在他指挥下，一阵炮弹、枪弹把敌人赶进火焰山里，而后这攻击两次未能奏效的核心工事就会被他摧毁、占领。刚才这段路上，左右落了三颗炮弹，弹片打在墙上，土块崩到脸上，很疼，但是他很高兴，“让他打吧，回头一下子就……”他钻进房子。这房顶给火烧去一角，阳光把满屋烟尘照得像一罐糨糊似的半透明。他立刻吩咐电话兵把无线电话架起来。他自己走到窗前看了一阵——前面枪声响成一片，炮弹还不停地落在附近，看样子敌人还要来一次绝望的挣扎。他看了一下手表，咬着牙，决心让敌人连这一次挣扎也不能实现。

电话兵迅速把细细的天线竿子竖立起来——差不多顶到屋顶了，把耳机子挂在耳朵上，转过头问：“叫哪里？”

“要五小队[1]。”

电话兵一只手在对着波长，接着就喊开了：“五小队！五小队！五小队！五小队！……”

营长的小通讯员金星，才十七岁，矮个子，圆眼睛，塌鼻梁，老是爱笑，身上穿着显得过分宽大的军衣，手里抓着不久以前缴来的一支卡宾枪，他突然跑到营长身旁，严厉地喊：“蹲下！蹲下！”“哐”的一声，全屋都震动了一下，金星一把把营长按倒，炮弹碎片刚刚把营长的帽子打在空中，碎了。营长笑了笑，骂了一声，弯腰离开窗口；他怕他的通讯员再麻烦他，就老老实实蹲

①五小队：尖刀连代号（作者原注）。

到无线电话机旁边去。

五小队叫通了，电话兵把耳机子递给营长。营长问了情况，他下了最后决心，又一次看了看手表——这次看得迅速，眼珠只动了一下，就严肃地皱起眉，全身伏在无线电话机上用力地讲话："同志！——告诉大家，时间就要到了，——不要怕敌人的炮火，挺住啊！……你们听我们的炮就要响了，你们应该……"

这时，金星蹲在他的背后，瞪着孩子气的两眼，——不只眼睛，他的五官都集中注意周围会发生什么事情。正当营长讲"我们的炮就要响了，你们应该……"这句话时，金星突然听到一种声音，这是重迫击炮弹的声音，可是并不是从头上飞过的嗞嗞声音，而是一直向头上落下来的可怕的声音。金星知道营长下达命令正说到紧要关头，就是死也不会在这一刻放下耳机子躲躲炮弹，如果你拉他一把，他也会凶你一顿。可是可怕的声音来得这样快，不容金星再想什么办法，于是他的小身躯忽地跃起，张开两臂，扑到营长身上，像鹰摊开翅膀一样，把营长压在他的身子下面。就在这一瞬间，炮弹落在屋的一角，满屋充满黑烟，火药味呛人鼻孔，窗口附近两个战士倒下就没有再动弹。营长却无论这震动多么大，两手只管紧紧按着耳机子，在金星的身子下面，一刻不停地大声对无线电话受音器下达命令："你们应该立刻趁敌人炮火被制压的时候，拿一个排从敌人左侧方猛插进去，要猛，要坚决！好，还有一分钟，我们的炮开始响了！"这时营长推推金星，金星软软的两手垂在营长肩上，只一滑，像条鱼滚倒在地上。营长脸色变得苍白，立刻抱着金星，把他的头放在自己怀里。他发现金星负了重伤，两面肩膀都给炮弹皮撕得稀烂，鲜血一滴接一滴淌下来。营长明白，如果没有这两面肩膀，那么炮弹皮就会老老实实钻到营长自己脑袋里去，那么，指挥就完了，攻击就全破产了。金星慢慢地睁开眼，说："营长……你应该换一个阵地，这里暴露……"营长想坚决摇头，但看见金星那孩子气的两眼时，他没有那样做。这时，突然一声紧接着一声，我们的炮弹从屋顶上空排着空气嗞嗞打过去，打向敌人阵地，一颗接着一颗爆炸，声浪气浪像海啸一样震荡着，营长立刻把金星放下，金星明朗的两眼追随着营长，营长又伏身到无线电话机上，用尽平生力量激动地喊叫："五小队！五小队！听见没有？伙计，干呀！狠狠干呀！……"

3. 游击队员宋二童

⊙吴伯箫

（一）

还是在初当民兵的时候，宋二童跟游击队打扫战场，拾了一个敌人的哨子。那是一个铜质镀镍、亮晶晶的哨子，小孩子拿着玩玩是蛮好的。可是在一个二十来岁当民兵的宋二童手里有啥用处呢？解不得渴，充不得饥，就是用力扔出去也打不死敌人。——因为终究是胜利品，又是第一次打鬼子的纪念，宋二童才把它在意不在意地揣在怀里一个小口袋里。日子一久，战争勤务一忙，慢慢也就忘记了。

有一天，邱县城里的敌人出动了，大半是鬼子。队伍急急忙忙地赶着路，正朝着焦路东边五里池的坞头方向前进。那村里昨晚住了游击队，宋二童是隐隐约约听到的。正因为这样，他才在刚刚鸡叫的时候，在通县城的大路两旁自动地来放哨警戒。

他背了粪筐，正孤零零地在道南麦地里转呢，不想敌人已偷偷摸摸地来到路前了。“敌情就是找游击队的？”宋二童心里一愣，“到坞头不过六里地，自己没枪，这样早又没人，怎么办呢？”盘算着，在黎明还有些寒意的微风里，他急得满头大汗。

一急，宋二童倒忽然想起了他怀里的哨子来了。

“嘟……嘟……”摸出来就是一阵猛吹。

奇怪，没想到敌人会这样慌，没想到哨子会有这样大的力量，听惯了哨声的鬼子唰的一声就站住了。机关枪架起来，派出了搜索的尖兵，一个队长模样的矮子，在蒙蒙亮这样的早晨，还拿出了望远镜四处乱望。其实吹哨子的人离得并不远，顶多不过五十米；只是被齐腰麦垄遮蔽得严严的，望远镜也失掉作用罢了。

这意外的成功，使趴在麦地里的宋二童不禁好笑。趁敌人踌躇慌乱的当儿，他又悄悄地顺大路爬了一二百米，依旧静静地隐蔽在麦田里，等候敌人。

敌人为了那一阵哨音，起码蘑菇了二十分钟，才又试探地继续前进。不到二百米，不知哪里又“嘟……嘟……”地吹起来了。那个队长模样的矮子仿佛很生气，脑袋扭来扭去，嘴里叽里呱啦地不知说些什么。可是生气有啥用，队伍还不是都得跟哨音停住？自然少不了的又是一阵慌乱。而前面离宋二童的村子焦路就不远了。村里听觉灵敏的狗都咬了起来：“汪，汪汪！”在原想拂晓前秘密包围游击队的“皇军”，这种惊慌骚乱不能不是一件大大的苦恼。

敌人再走，宋二童就又吹。

等敌人断断续续走完那六七里路，包围了坞头的时候，天色已经大明，游击队早就离开村子到别处去了。

（二）

当民兵建立了大大小小许多功劳，由于自己恳切请求，宋二童就和他的哨子一齐参加了游击队。这一年，邱县大队参加的人非常踊跃。人多枪少，几乎成了那时的缺点。宋二童找到的是一杆坏到不能用的独出子，而且也没有子弹。

带着恶劣的武器怎么能打漂亮仗呢？“让我搞条枪去！”成了初入伍的宋二童唯一的心事。

青纱帐起来的时候，宋二童调查好邱县伪二区长是常常单人独骑到城里去的。他有一支轻便的三把盒子，往往木盖不揭就斜挎在身上。骑着一匹抢来的白马，耀武扬威，仿佛当汉奸还怪体面似的！宋二童一来恨他作恶，看他不顺眼，二来瞅准了他那支盒子；于是这天早晨看他又到城里去了，下午就带了那杆独出子去四不靠村的路边等他，埋伏在密匝匝的青纱帐里。

太阳偏西，高粱地里热得人出油汗。“莫非在城里住在鬼子那里了？”宋二童正疑惑着等得不耐烦的时候，从西边来的嘚嘚的马蹄声可就慢慢地近了。宋二童从来没打过败仗，心里一点不慌张，倒是想到眼看就要到手的那支轻巧盒子，反增添了加倍的信心和勇气。

“站住！”这一声真像一只鹌鹑扑拉拉从麦地里飞了。——

紧接着举起了那杆独出子土造枪。二区长措手不及，马鞍子有些坐不稳了；白马一惊，也打了一个趔趄。

“下枪！”

不必客气，等了多时的就是这个目的。——“站住！”“下枪！”两个命令差不多接连在一起，二区长几乎是从马上滚下来的。他顾不得拉马，顾不得考虑迟疑，眼睛注视着独出子，两手就举起来了。

宋二童一边拿过盒子，检查一下，顶上子弹，一边客气地把独出子递过去：“这个给你吧。”想笑没笑出来，表情仿佛有些抱歉，心里是在逗弄他，并没放松警惕。

那位区长就真的不知趣，接过枪去，朝宋二童啪啪就是两枪。——等看见宋二童神色不动，哈哈笑出声的时候，他一下子泄了气，很不好意思地咧了咧嘴，咕噜着：

“没有子弹。”

“有子弹，我给你！”

宋二童的答话是干脆嘹亮的。差不多同时，他左手顺手拉过正要吃麦子的马来，右边噔的一声盒子枪就响了。“哼，你欺压我们老百姓也太毒辣了！”

（三）

平原游击，骑马不便，宋二童不骑马。

不骑马，他骑脚踏车。宋二童是侦察员了。

宋二童小伙可真漂亮啊：身子发育得壮健结实，性情又明朗又爽快。他胆子一向很大，有了好武器陪伴着，胆子就更大。单人到据点里赶集，深夜到碉堡跟前插小旗，贴标语，没有一次不胜利地完成任务。这次他到城里侦察，心爱的三把盒子插在前腰里，紫花布衣裳，羊肚子头巾，是一副胆大心细的神气，他骑车跑到离城三里地的村庄，把车子放在村里槐树底下，挎了个篮子就出发了。篮子里装的是鸡蛋、韭菜，还有带大绿叶子的小红萝卜。

邱县城，南门、北门都堵了，只留下东门、西门出入。门上有哨，都是伪军。宋二童从东门进去。进去时，他笑盈盈地行了个礼。“老总吃点鲜货吧。”客气地送了伪军一个鲜红萝卜。他从西门出来。出来时，伪军问他：“篮子里挎的什么？”“你看——”顺手更客气地递过去两个鸡蛋。——总之，他是在城里大模大样地转了一圈，又平平安安地出来了。他是很高兴的。离城不远，他的脚步就轻快起来。他恨不得立刻飞回司令部去！因为这是他当侦察员第一次带了枪进城啊！是相当危险的事。

是的，他想飞回去。骑了脚踏车走路就像飞。但是等他背着夕阳回到村里的时候，寄放在槐树底下的脚踏车却不见了。问遍了村里的老百姓，都说不知下落。只知道敌人有一个探子曾在偏晌来过。败兴的事还有比这更厉害的吗？他焦急，因为车子是队部的公物。打听一件消息，却丢掉一辆车子，在常胜的宋二童是最难克制的耻辱。

“无论如何，也得把车子找回来！”

说着咬了咬牙，宋二童在内心里起了个誓。他的聪明，叫他沿了车轮的痕迹去追；可是车轮的印痕伸到城根就向北拐了，而北门是堵了的。他的机智，告诉他车子是爬过破坏的城墙进城的，于是他也从东北角城墙的缺口处进了城。他的勇敢和胆量，又使他丝毫没想到再度进城的危险，想到的只是怎样不丢东西，不丢人。

真的，聪明、机智、勇敢，没叫宋二童失望。在城东北角转来转去，终于在一条胡同口的屋子里看到他的车子了。旁边一个三十岁左右的汉子正抹着汗坐在那里休息呢，仿佛很辛苦了一趟的样子。

“喂，老乡，这是我的车子！”

坐着的那家伙吃惊不小。霍地一下站起来，要发脾气，蓦抬头看见宋二童认真地站在那里，放在胸前的右手底下有什么黑亮的东西在隐约一闪，立刻又把气压下去，用慢吞吞的声调说：“你的？你的你拿去吧。”

“我拿去？”宋二童感觉受了侮辱，话语里透露着厉害，“你从哪里推来的，还是给我推回哪里去！不然……”话截然地就停住了。没说完的意思仿佛将有不客气的行动来代替。

对方，狡猾，又无可奈何的样子，不说话，推起车子就朝东门的方向走去。

“喂，”宋二童紧跟在旁边，轻轻地招呼着，用左手朝城墙的缺口把他使劲地一推，“还是走原路吧。”他知道东门敌人的哨兵快到黄昏的时候才会撤的。

偷车人这回很听话，路也熟悉，车子一直推到槐树底下就停住了。

“不，”宋二童严正地说，“替我送到司令部去吧！”

偷车人的脸色立刻全白了。

一九四四年十月二十三日

爱国名言集锦（四）

1. 临患不忘国，忠也。

——《左传·昭公元年》

2. 利于国者爱之，害于国者恶之。

——《晏子春秋·内篇谏上》

3. 常思奋不顾身，以殉国家之急。

——司马迁《报任安书》

4. 国耳忘家，公耳忘私。

——班固《汉书·贾谊传》

单元学习任务

任务一

中国人民保卫和平，反抗侵略，经过浴血奋战，拼来了山河无恙、家国安宁。阅读本单元文章，总结文章分别叙述了战士们的哪些英雄事迹，表现了他们怎样的精神品质。

文章名	主要英雄事迹	精神品质

任务二

我们已经初步学习了批注这种常用的读书方法，心有所感，笔墨追录，三言两语，生动传神。阅读时把读书感想、疑难问题随手批写在书中的空白地方，以帮助理解和思考。阅读本单元所选文章，同学们可能有疑处、难处和悟处，请同学们就疑处、难处和悟处做批注，养成做批注的读书习惯。

我的疑处　　我的难处　　我的悟处

任务三

红色基因，薪火相传，学校将开展“寻找身边最可爱的人”的活动：采访你身边的现役或退伍军人，请他们讲一讲和平年代的英雄故事。活动要求：5人一组，分工合作，明确采访任务，确定采访内容，拟订采访提纲，最后写一篇通讯稿，让更多的人了解“我身边最可爱的人”。

采访任务： 采访内容： 采访提纲：

情系故土

中国人自古以来就具有家国情怀。漂泊于四方的游子，心却永远走不出故园。故园是一杯酒，轻轻啜饮，便会醉倒，醇香四溢间，品咂离愁。故园是一盅茶，淡淡苦涩伴着丝丝清香，喝了一杯，还想喝一杯。故园是一首诗，有月的夜晚悄悄吟哦，仿佛同久未见面的亲人絮絮低语。当再也望不到南飞的雁群，当天边的月亮圆了又缺，当故乡的榕树越来越繁茂，那亘古不变的乡愁依然悠悠荡荡地演奏着，一如故园那清远的笛声，缕缕不绝，又恰似萋萋芳草，更行更远还生。少年梦，故乡情，是每个人萦绕心头永不消散的旋律，是每个人深藏心中永不褪色的情结。

作者或以直接倾诉表达激情，或通过有意味的意象传达情感，或深情描绘故乡的美景寓情于景……阅读本单元文章，同学们要体会这些抒情手法的作用，并在习作中加以运用。

1. 想北平[1]

⊙老　舍

设若让我写一本小说，以北平作背景，我不至于害怕，因为我可以拣着我知道的写，而躲开我所不知道的。让我单摆浮搁地讲一套北平，我没办法。北平的地方那么大，事情那么多，我知道的真觉太少了，虽然我生在那里，一直到二十七岁才离开。以名胜说，我没到过陶然亭，这多可笑！以此类推，我所知道的那点只是“我的北平”，而我的北平大概等于牛的一毛。

可是，我真爱北平。这个爱几乎是要说而说不出的。我爱我的母亲。怎样爱？我说不出。在我想做一件事讨她老人家喜欢的时候，我独自微微地笑着；在我想到她的健康而不放心的时候，我欲落泪。言语是不够表现我的心情的，只有独自微笑或落泪才足以把内心揭露在外面一些来。我之爱北平也近乎这个。夸奖这个古城的某一点是容易的，可是那就把北平看得太小了。我所爱的北平不是枝枝节节的一些什么，而是整个儿与我的心灵相黏合

① 北平：现在的北京。

的一段历史，一大块地方，多少风景名胜，从雨后什刹海的蜻蜓一直到我梦里的玉泉山的塔影，都积凑到一块，每一小的事件中有个我，我的每一思念中有个北平，这只有说不出而已。

真愿成为诗人，把一切好听好看的字都浸在自己的心血里，像杜鹃似的啼出北平的俊伟。啊！我不是诗人！我将永远道不出我的爱，一种像由音乐与图画所引起的爱。这不但是辜负了北平，也对不住我自己，因为我的最初的知识与印象都得自北平，它是在我的血里，我的性格与脾气里有许多地方是这古城所赐给的。我不能爱上海与天津，因为我心中有个北平。可是我说不出来！

伦敦、巴黎、罗马与伊斯坦布尔，曾被称为欧洲的四大“历史的都城”。我知道一些伦敦的情形；巴黎与罗马只是到过而已；伊斯坦布尔根本没有去过。就伦敦、巴黎、罗马来说，巴黎更近似北平——虽然“近似”两字要拉扯得很远——不过，假使让我“家住巴黎”，我一定会和没有家一样地感到寂苦。巴黎，据我看，还太热闹。自然，那里也有空旷静寂的地方，可是又未免太旷；不像北平那样既复杂而又有个边际，使我能摸着——那长着红酸枣的老城墙！面向着积水潭，背后是城墙，坐在石上看水中的小蝌蚪或苇叶上的嫩蜻蜓，我可以快乐地坐一天，心中完全安适，无所求也无可怕，像小儿安睡在摇篮里。是的，北平也有热闹的地方，但是它和太极拳相似，动中有静。巴黎有许多地方使人疲乏，所以咖啡与酒是必要的，以便刺激；在北平，有温和的香片茶就够了。

论说巴黎的布置已比伦敦、罗马匀调得多了，可是比上北平还差点事儿。北平在人为之中显出自然，几乎是什么地方既不挤得慌，又不太僻静：最小的胡同里的房子也有院子与树，最空旷的地方也离买卖街与住宅区不远。这种分配法可以算——在我的经验中——天下第一了。北平的好处不在处处设备得完全，而在它处处有空儿，可以使人自由地喘气；不在有好些美丽的建筑，而在建筑的四周都有空闲的地方，使它们成为美景。每一个城楼，每一个牌楼，都可以从老远就看见。况且在街上还可以看见北山与西山呢！

好学的，爱古物的，人们自然喜欢北平，因为这里书多古物多。我不好学，也没钱买古物。对于物质上，我却喜爱北平的花多菜多果子多。花草是种费钱的玩意儿，可是此地的“草花儿”很便宜，而且家家有院子，可以花不多的钱而种一院子花，即使算不了什么，可是到底可爱呀。墙上的牵牛、墙根的靠山竹与草茉莉，是多么省钱省事而也足以招来蝴蝶呀！至于青菜、白菜、扁豆、毛豆角、黄瓜、菠菜等，大多数是直接由城外担来而送到家门口的。雨后，韭菜叶上还往往带着雨时溅起的泥点。青菜摊子上的红红绿绿几乎有诗似的美丽。果子有不少是由西山与北山来的，西山的沙果、海棠，北山的黑枣、柿子，进了城还带着一层白霜儿呀！哼，美国的橘子包着纸；遇到北平的带霜儿的玉李，还不愧杀！

是的，北平是个都城，而能有好多自己生产的花、菜、水果，这就使人更接近了自然。从它里面说，它没有像伦敦的那些成天冒烟的工厂；从外面说，它紧连着园林、菜圃与农村。采菊东篱下，在这里，确是可以悠然见南山的；大概把“南”字变个“西”或“北”，也没有多少了不得的吧。像我这样的一个贫寒的人，或者只有在北平能享受一点清福了。

好，不再说了吧；要落泪了，真想念北平呀！

爱国名言集锦（五）

1. 忧国忘家，捐躯济难，忠臣之志也。

——曹植《求自试表》

2. 捐躯赴国难，视死忽如归。

——曹植《白马篇》

3. 鞠躬尽瘁，死而后已。

——诸葛亮《后出师表》

2. 黑土地

⊙韩静霆

我是北方的黑土捏成的，土性浇铸在我的灵魂之中了。

我生于黑土，长于黑土。童年，我用黑土捏出我的天使：人、马、牛、羊、鸡、狗。我和黑土造就的这些众生厮守、说话、说梦。我用黑土制成能吹奏抑抑扬扬、呜呜咽咽曲调的埙。我的埙就是我的唇舌，我生命的延长，我灵魂的独白。26 年前，我孑然一身进关，闯荡京华。我住在前门箭楼下的小客栈里，柔和湿滑的京腔在议论我：这个北方的小牛犊子。哦，是的。牛犊子，北方，我。我走出北方黑色的漠野，什么也没带——不不，我带走了一样东西，永生永世不可抛弃的也无法抛弃，就是我的土性。

每次返乡，黑土地总是极尽柔情待我。当我的两脚插在浸了油似的黑土地里，即便是大旱时节，湿漉漉的地气也冲得脚心痒酥酥的。我的两足张开十个“根须”吸吮着水汽，我感觉到筋络舒展的咔咔声，我感觉到血管中冲撞着一排又一排黏稠的然而又是流动着的激情的浪头。唯有此时，我可以和刚刚拱出土皮儿的荠荠菜私语，可以得到玉米缨络扬来的花粉，可以喝到奉献到手心的蚂蚁酒。这时候我能把目光的线一直扯到松辽平原的极处，看云起云飞，进入一种境界。我想我变成了黑土地上植根并且眺望着的树，一棵生有两个丫杈的树，一棵擎着乱蓬蓬鸟窝的树，一棵白桦树。我想我不怕被肃杀的风摇落最后一片叶子，叶落了还会再生。我想我可以燃烧，在地上成炭，在地下变煤。因为，我是黑土地的子孙。

带着黑土地给我的足够的营养，我离开了故土。西北高原的风吹不倒我这北方的榛莽，海南天涯的烈日晒不干我黑褐色肌肤蕴藏的油性。有时候，我枕着塬，枕着海，闭上眼睛想到的却是北方黑土地柔软的怀抱，想到儿时睡过的桦树皮摇床。我为此心旌摇荡，依稀看到黑土地上跋涉而去的祖先。哦，努尔哈赤的雕弓拉成满月，“玉骢嘶罢飞尘起，皂雕没处冷云平”；哦，挖参人如崖上的壁虎，没入密林，“雪中食草冰上宿”；哦，刚刚冷却的火山口杉木葱茏，熔岩洞里举起了伐木人的炊烟；哦，田畴把黑色的垄划到天尽头。那里，一人，一犁，一牛，共同较量着耐力和韧性。犁着，耕着，走着，没有一点声音。我的黑土地就是这样一部悠远的、孔武的、神秘的、充满着内聚力的不朽经典。当然，在黑土的深层，也埋藏着古战场鲜血锈蚀的剑，也抛落了亡国之民的遗骸，也有过拼搏、绞杀、屈辱和失败。即使是失败，我的先人也是屡败屡战，不屈不挠。北方的黑土地是何等博大啊，兼容火山与冰岸、天池与地泉、针叶林与毛毛草，野性与柔情、爱情与仇恨、严峻与温馨、粗犷与细腻、自强与自私、热烈与孤寂，既有长久的四季轮回，又有短暂的无霜期，既有虎群的雄浑，又有狗皮帽子的寒碜，既有宽广又有褊狭，既有宁静又有躁动，既坦诚又神秘，既富丽又贫瘠。我的黑土地，我的黑土地，我对你的爱也是又宽阔又褊狭，又坦诚又神秘的。我读着你，想念你，梦过你。我也渴望走“宇宙黑洞”，穿破固垒，渴望超越。当我远离故乡去生存，拼搏和拓荒数年之后，终于明白有一种东西是不可超越的，那就是黑土地所给予我的生命的原汁。

是的，读懂黑土地这部博大恢宏、幽远深邃的自然、历史和人生的长卷，需要时间的打凿和精神的反刍。如今，我头上的野草荣而又枯，年已不惑，似乎才领略了一点她的教诲。她从我呱呱坠地的一刻起，就用日出日落、阳春严冬和风霜雨雪教导我。她要我生来就成熟，就懂得什么是沧桑，什么叫坚韧，什么叫忍耐，什么叫不屈。北方黑土地给我的滋养令我受用无穷，也就铸成了我终生的土性。

不可改变，我北方的土性。因为，自我落生的时候，黑土地就给我打上了胎记。我的黑土铸成的肌肤和魂魄不可改变。因为，我不能选择也不愿意改变我的籍贯。我为此感到荣幸——当我走在异域的时候，人们会顷刻间认识我和我的内涵：中国，北方，黑土地。

（有删节）

3. 月是故乡明

⊙季羡林

每个人都有个故乡，人人的故乡都有个月亮，人人都爱自己的故乡的月亮。事情大概就是这个样子。

但是，如果只有孤零零一个月亮，未免显得有点儿孤单。因此，在中国古代诗文中，月亮总有什么东西当陪衬，最多的是山和水，什么“山高月小”“三潭印月”，等等，不可胜数。

我的故乡是在山东西北部大平原上。我小的时候，从来没有见过山，也不知山为何物。我曾幻想，山大概是一个圆而粗的柱子吧，顶天立地，好不威风。以后到了济南，才见到山，恍然大悟：山原来是这个样子呀！因此，我在故乡里望月，从来不同山联系。像苏东坡说的“月出于东山之上，徘徊于斗牛之间”，完全是我无法想象的。

至于水，我的故乡小村却大大地有。几个大苇坑占了小村面积一多半。在我这个小孩子眼中，虽不能像洞庭湖“八月湖水平”那样有气派，但也颇有一点儿烟波浩渺之势。到了夏天，黄昏以后，我在坑边的场院里躺在地上，数天上的星星。有时候在古柳下面点起篝火，然后上树一摇，成群的知了飞落下来，比白天用嚼烂的麦粒去粘要容易得多。我天天晚上乐此不疲，天天盼望黄昏早早来临。

到了更晚的时候，我走到坑边，抬头看到晴空一轮明月，清光四溢，与水里的那个月亮相映成趣。我当时虽然还不懂什么叫诗兴，但也顾而乐之，心中油然有什么东西在萌动。有时候在坑边玩儿很久，才回家睡觉，在梦中见到两个月亮叠在一起，清光更加晶莹澄澈。第二天一早起来，到坑边苇子丛里去捡鸭子下的蛋，白白地一闪光，手伸向水中，一摸就是一个蛋。此时更是乐不可支了。

我只在故乡待了六年，以后就背井离乡，漂泊天涯。在济南住了十多年，在北京度过四年，又回到济南待了一年，然后在欧洲住了近十一年，重又回到北京，到现在已经四十多年了。在这期间，我曾到过世界上将近三十个国家。我看过许许多多的月亮。在风光旖旎的瑞士莱芒湖上，在平沙无垠的非洲大沙漠中，在碧波万顷的大海中，在巍峨雄奇的高山上，我都看到过月亮，这些月亮应该说都是美妙绝伦的，我都异常喜欢。但是，看到它们，我就立刻想到我故乡那个苇坑上面和水中的那个小月亮。对比之下，无论如何我也感到，这些广阔世界的大月亮，万万比不上我那心爱的小月亮。不管我离开我的故乡多少万里，我的心立刻就飞来了。我的小月亮，我永远忘不掉你！

我现在已经年近耄耋，住的朗润园是燕园胜地。夸大一点儿说，此地有茂林修竹，绿水环流，还有几座土山，点缀其间。风光无疑是绝妙的。前几年，我从庐山休养回来，一个同在庐山休养的老朋友来看我。他看到这样的风光，慨然说："你住在这样的好地方，还到庐山去干吗呢！"可见朗润园给人印象之深。此地既然有山，有水，有树，有竹，有花，有鸟，每逢望夜，一轮当空，月光闪耀于碧波之上，上下空蒙，一碧数顷，而且荷香远溢，宿鸟幽鸣，真不能不说是赏月胜地。荷塘月色的奇景，就在我的窗外。不管是谁来到这里，难道还能不顾而乐之吗?

然而，每值这样的良辰美景，我想到的却仍然是故乡苇坑里的那个平凡的小月亮。见月思乡，已经成为我经常的经历。思乡之病，说不上是苦是乐，其中有追忆，有惆怅，有留恋，有惋惜。流光如逝，时不再来。在微苦中实有甜美在。

月是故乡明，我什么时候能够再看到我故乡里的月亮呀！我怅望南天，心飞向故里。

1989 年 11 月 3 日

4. 故乡情

⊙茹志鹃

随着年龄的增长，我对那些不惜万里迢迢而来寻根的人，有了一种同感。这是一种捉摸不住，讲说不清，难以言传，而又排遣不开的感情。

它好像很巨大，又好像很琐细。具体得如一撮土，一滴水。但要说它只是一撮土、一滴水，又似乎绝非如此，它又大得无从搬移，无法传递，不可替代。它是天，它是地，它是山，它是水。然而它又非一般的天、地、山、水，它和民族，和祖先，和各人逝去的童年，或青年时代的岁月，和中华民族的历史，和个人的经历镶嵌在一起，盘根错节地连在一起的那个天、那个地、那个山、那个水，还有那种对别人毫无意味，对自己却无比亲切的乡音。

说实在话，世上有着许许多多比乡土更加美妙、更加怡人的地方。但独有故乡却是“我的”，它像母亲一样，无可选择。美的，不够美的，都一样，是亲爱的，是“我的”。它不会让人时时挂念，却能令人终生难以忘怀。这就是故乡，人人都有的故土之情。

绍兴是我的祖籍，我没有在这里住过，对它并不熟稔。绍兴话亦只是小时候听祖母说过，但不知为什么，这里的一切都使我向往。为了探望故土，为了聆听乡音，我来到了绍兴。

坐着蚱蜢似的乌篷船，沿着小河，沙沙地擦着野生花草，经过一道一道圆拱的、半菱形的石头小桥，经过林边的埠头，那里，着青布衫的姑娘在洗衣裳，穿红球衣的小伙子在挑水。在一圈一圈的水晕里，他们好像飘动在纡青拖蓝的白云之间。

坐在船尾摇船的老倌，一面用脚蹬着桨，用手里的划子点拨着船的方向，一面嘴里热闹地说着话。说着路途如何的远，到的所在又是如何的偏僻，回程的生意又是如何难找，等等。当听到我们同意加他一点船钱的时候，他又大声地发出一连串的感叹词：

“喔唷！啧啧，这位师母真是……啊！真是……”随着那汩汩而进的小船，那乡音在故乡的水上跳着，笑着，滑着，热热闹闹地送得老远老远……

这一切对我都是新鲜的，但又觉很熟悉，是见过的。在哪里见的呢？说不出，也许是在梦里。

我曾经做过这样的梦吗？

…………

我提着小竹篮，两只脚踏踏实实地走在故乡土地了。沿着晚稻田畈当中的石板小道，浴着刚升起的太阳光，向小镇慢慢走去。在镇上一所社办的尼龙袜厂里做工的姑娘们，下了夜班回村来了。

穿得山青水绿，手里提一个小竹篮，篮上盖一块新的花手帕，手帕边上伸出一双筷子，穿着布底鞋儿的脚，迈得轻轻地，迈得急急地，赶回家来了。家里的小鹅儿等她们回去切萝卜菜哩！那挑了一半的花边，也要赶紧完工；那河埠头正等她们去淘米；那太阳光也正等着她们去晒草呢！多少事啊！脚步儿更加匆匆起来。我站在路边让着道，目送走了三个，又迎来了五个，故乡的姑娘们走远了，苍黄的稻田上面增加了几只鲜艳的蝴蝶。稻篷上面断断续续地传来了脆松松的声音："……懊煞哉！真当是顶了石臼做戏文……"

"……伊屋里灶司菩萨。还是伊大……"

风把声音吹远了，剩下面前一条寂寂的石板路。两旁的田畈把它挤得窄窄的，细细的一条，迤逦地牵引着人向镇上而去。

这情这景，我觉得新颖，然而我熟悉，我见过的。在哪里见的呢，也许在梦里。

小路引我走过一个小村尾，一团绿雾似的小竹园，掩映着一排白灰墙乌板门。一个五六岁的女孩，不知哪里受了委屈来，抹着眼睛。裤脚吊到小腿上，散了半边的辫子，遮着她有一点点脏的半边红脸蛋，独自寂寞地走在竹园后面。我猜，在那紧闭着的黑板门中，总有一扇是她家的。

啊！家，是了，是家。哦，故乡，没有我的家的故乡！从前，当我也像这女孩这么大的时候，你不曾好待我过。记得吗，你让我走在那砣噔砣噔的石板路的深巷里，两边偌高的风火墙把我隔在外面，连想象的翅膀都无法飞越。那幼稚的想象，无非只是想到里面有一张眠床，有一碗热饭，有一点点不那么冷的暖意。这就是我心目中“家”的全体，这就是我所能有的、最美妙的想象。故乡，故乡，我在你身边做过多少次“家”的梦，多少次问过我唯一的亲人，说:“嗯奶，我们什么时候也能有一个‘窝’呢？……”

没有我的“窝”的故乡啊！你未曾好好待我过，然而却在梦中无数次地使我萦回。我梦见故乡的天，故乡的地，故乡的山，故乡的水。因为，你给我的就是这些，因为，我把这些就当作我的家。我的家啊，总是席卷了所有的荒漠，贫瘠，顶着一片黄苍苍的穹苍，四周围垂着灰蒙蒙的暮霭，当中缀着一弯淡淡的孤月，反复地出现在我的梦里。多么冷啊！你冰醒了我少年时代的梦。我走了，我不能总看着你那凄恻的面容。

我也做过好的梦。那是在后来，在巍峨的孟良崮上，在马衔嚼、人轻装的陇海路旁，在济南解放的捷报声里，在白雪皑皑的淮海平原上。在那冷的北方，我梦见了温暖的故乡，梦见一个青山郁郁、绿水悠悠的故乡。那里有白米饭乌干菜，有自家的冬笋，有野生的蘑菇，有鲜红的杨梅，有金黄的蜜橘，有青布蓝衫的姑娘，有母亲般的温柔关注。没有我的家的故乡，却给了远来的战士暖和和的床，热腾腾的饭。多么好的故乡，多么美的梦啊！

绕过了小村尾，石板路接着石拱桥。傍河的小镇，沿河伸开了一条街道。豆腐担连着鲜鱼摊，担儿前的人多，摊儿前的人少。点心店里热气腾腾，倒并不客满，布店柜台边却站了个里三层外三层，富裕的人置冬装，更富裕的人在买花的确良。立冬刚过，有人已在筹备添夏天的衣裳。有名的羊肉银水，驮着一杆秤，敞着一件盖屁股的棉袄，背脊上的面子已不知去向，露出的棉花，远看就像一件羊皮背心。一顶新的罗宋帽，高高地顶在头上，帽顶款款地歪在一边，像京戏里的武生模样。他急匆匆赶过人群，作兴要赶去宰羊。我和老友蹲在卖鱼的木盆边，挑了两尾活跳的鲫鱼，放在小篮里，任它干张合着嘴，我们自顾慢慢地走。

在回来的路上，顺便去看了那个校办的袜厂，就是来时路上遇见那些姑娘们工作的地方。

厂，就是一个大客堂，里面坐了二十多个姑娘，摇着二十多部摇袜机，"嗒嗒嗒"地摇完袜筒，就左一针右一针地挑袜跟，手是飞快的。挑完袜跟就"嗒嗒嗒"地摇脚筒。

这机器，这操作，这程序，我熟悉，我见过的。不是在梦里，是真的，是在五十年之前，我暂住在杭州那危危的小阁楼里，房东聋奶奶的女儿，就整天在楼下"嗒嗒嗒"地摇着这个。不过那时她摇的不是尼龙袜，是线袜。这"嗒嗒"的声音，伴着她轻轻哼的"的笃"调，让人感到凄婉和寂寞。

这机器我见过，这操作我熟悉，只是少了那凄楚的轻哼。真的，我后来梦见的情景要比这个好。那好的梦里，似乎是在一个锃亮发光的展览大厅里，一部锃亮发光的立式机器，由工人一按电钮，几秒钟就拿出了一只夹花尼龙袜。我想着我的梦，走出了那间客堂工厂。可是一抬头，只见我已走到一个建筑工地上，一大排二层楼的楼房已大致完工，只差些门窗之类、木作师傅的功夫了。人家告诉我，这是造的校舍和教室，人家又告诉我，这就是用那“喳喳”响的摇袜利润建起的。我走了，摇袜机的声音已远远地落在了后面，但是依然还是“喳喳！喳喳！”地回响在我的心里。用它陈旧的方式，古老的声音，竭尽自己所能，一圈又一圈地转着，摇着，为了三层楼的楼房，为了农民的冬装和夏衫，为了四个现代化，老老实实地奉献着自己的一切。

哦！于是在那好的梦的前面，我又看见那些盖着花手帕的小竹篮，那些穿着布鞋儿的匆匆脚步……我也该动身了，太阳已升得老高，还有三里路要一步一步地走过去，篮里的鱼，还在干渴地张合着小嘴。

石拱桥连着石板路，石板路带我回到老友家的村头，看见路上相遇过的那些姑娘，已换下干净的新布鞋，脱下了山青水绿的新衣裳，正蹲在河埠头洗菜，正“啰啰”地唤着小鸡小鸭……我赶紧回到了不是我家的“家”里，把鱼放进淡水缸里，干搁了两个钟头的鲫鱼，居然又悠悠地游了起来。

故乡，这就是我实实在在的故乡。

1981 年 11 月

5. 故乡在远方

⊙张抗抗

我总觉得自己是一个流浪者。

几十年来，我漂泊不定、浪迹天涯。我走过田野，穿过城市，我到过许多许多地方。

我从哪里来？哪儿是我的故园我的家乡？

我不知道。

19 岁那年我离开了杭州城。水光潋滟、山色空蒙的西子湖畔是我的出生地。离杭州 100 里水路的江南小镇洛舍是我的外婆家。

然而，我只是杭州的一个过客，我的祖籍在广东新会。我长到 30 岁时，才同我的父母一起回过广东老家。老家有翡翠般的小河、密密的甘蔗林和神秘幽静的榕树岛，夕阳西下时，我看见大翅长脖的白鹳灰鹳急急盘旋回巢，巨大的榕树林上空遮天蔽日，鸟声盈盈。那就是闻名于世的小鸟天堂。新会县世为葵乡，小河碧绿的水波上，一串串细长的小船满载清香弥漫的葵叶，沉甸甸贴水而行，悠悠远去……

但老家于我，却已无故园的感觉。没有一个人认识我，我也并不真正认识一个人。我甚至说不出一句完整地道的家乡方言。我和我早年离家的父亲，犹如被放逐的弃儿，在陌生的乡音里，茫然寻找辨别着这块土地残留给自己的根性。

梦中常常出现的是江南的荷池莲塘，春天嫩绿的桑树地里透紫酸甜的桑葚儿，秋天金黄璀璨的柚子，冬天过年时挂满厅堂的酱肉粽子、鱼干，还有一锅喷香喷香的煮芋艿……

暑假寒假，坐小火轮去洛舍镇外婆家。镇东头有一座大石桥，夏天时许多光屁股的孩子从桥墩上往河里跳水，那小河连着烟波浩渺的洛舍洋，我曾经在桥下淘米，竹编的淘箩湿淋淋从水里拎起，珍珠般的白米上扑扑蹦跳着一条小鱼儿……

而外婆早已过世了。外婆走时就带走了故乡。其实外婆外公也不是地道的浙江人氏。听说外婆的祖上是江苏丹阳人，不知何年移来德清洛舍；又听说洛舍其名是早年此地曾有一支移民来自洛阳，洛阳人之舍，谓之洛舍。由此看来，外婆外公的祖籍也难以考证，我魂牵梦系的江南小镇，又何为我的故乡？

所以对于我从小出生长大的杭州城，便有了一种隐隐的隔膜和猜疑。自然，我喜欢西湖的柔和淡泊，喜欢植物园的绿草地和春天时香得醉人的含笑花，喜欢冬天时满山的翠竹和苍郁的香樟树……但它们只是我摇篮上的饰带和点缀，我欣赏它们赞美它们但它们不属于我。每次我回杭州探望父母，在嘈杂喧闹的街巷里，自己身上那种从遥远的异地带来的“生人味”，总使我觉得同这里的温馨和湿润格格不入……

我究竟来自何方?

更多的时候，我会凝神默想着那遥远的冰雪之地，想起笼罩在雾霭中的幽蓝色的小兴安岭群山。踏着没膝深的雪地进山去，灌木林里尚未封冻的山泉一路叮咚欢歌，偶有暖泉顺坡溢流，便把低洼地的塔头墩子水晶一般封存，可窥见冰层下碧玉般的青草。山里无风的日子，静谧的柞树林中轻轻慢慢地飘着小清雪，落在头巾上，不化，一会儿就亮晶晶地披了一肩，是雪女王送你的礼物。若闭上眼睛，能听见雪花亲吻着树叶的声音。那是我 21 岁的生命中，第一次发现原来落雪有声，如桑蚕啜叶，婴童吮乳，声声有情。

那时住帐篷，炉筒一夜夜燃着粗壮的大木棒，隆隆如森林火车如林场的牵引拖拉机轰响，时时还夹着山脚下传来的咔咔冰崩声……山林里的早晨宁静而妩媚，坡上的林梢一抹玫瑰红，淡紫色的炊烟缠绵缭绕，门前的白雪地上，又印上了夜里悄悄来过的不知名的小动物一条条丝带般的脚印儿，细细辨认，如梅花如柳梢亦如一个个问号，清晰又杂乱地蜿蜒于雪原，消失于密林深处……

那些神秘的森林居民给予我无比的亲切感，曾使我觉得自己也是否应该从此留在这里。

小小的脚印沉浮于无边的雪野之上，恰如我们漂泊动荡的青春年华。

我 19 岁便离开了我的出生地杭州城，走向遥远而寒冷的北大荒。

那时我曾日夜思念我的西湖，我的故园在温暖的南方。

但现在我知道，我已没有了故乡。我们总是在走，一边走一边播撒着全世界都能生长的种子。我们随遇而安，落地生根；既来则定，四海为家。我们像一群新时代的游牧民族，一群永无归宿的流浪移民。也许我走过了太多的地方，我已有了太多的第二故乡。

然而在城市闷热窒息的夏日里，我仍时时想起北方的原野，那融进了我们青春血汗的土地。那里的一切粗犷而质朴。20 年的日月就把我这样一个纤弱的江南女子，磨砺得柔韧而坚实起来。以后的日子，我也许还会继续流浪，在这极大又极小的世界上，寻觅着、创造着自己精神的家园。

6. 乡土情结

⊙柯　灵

每个人的心里，都有一方魂牵梦萦的土地。得意时想到它，失意时想到它。逢年逢节，触景生情，随时随地想到它。辽阔的空间，悠邈的时间，都不会使这种感情褪色：这就是乡土情结。

人生旅途崎岖修远，起点站是童年。人第一眼看见的世界，就是生我育我的乡土。他从母亲的怀抱，父亲的眼神，亲族的逗弄中开始体会爱。乡土的一山一水、一草一木，都溶化为童年生活的血肉，不可分割。而且可能祖祖辈辈都植根在这片土地上，有一部悲欢离合的家史。在听祖母讲故事的同时，就种在小小的心坎里。邻里乡亲，早晚在街头巷尾、桥上井边、田塍篱角相见，音容笑貌，闭眼塞耳也彼此了然，横竖呼吸着同一空气，濡染着同一的风习，千丝万缕沾着边。一个人为自己的一生定音定调定向定位，要经过千磨百折的摸索，前途充满未知数，但童年的烙印，却像春蚕作茧，紧紧地包着自己，又像文身的花纹，一辈子附在身上。

“金窝银窝，不如家里的草窝。”但人类是不安分的动物，多少人仗着年少气盛，横一横心，咬一咬牙，扬一扬手，向恋恋不舍的家乡告别，万里投荒，去寻找理想，追求荣誉，开创事业，富有浪漫气息。有的只是一首朦胧诗——为了闯世界。多数却完全是沉重的现实主义格调：许多稚弱的少男少女，为了维持最低限度的生存要求，被父母含着眼泪打发出门，去串演各种悲剧。人一离开乡土，就成了失根的兰花，逐浪的浮萍，飞舞的秋蓬，因风四散的蒲公英，但乡土的梦，却永远追随着他们。浪荡乾坤的结果，多数是少年子弟江湖老，黄金、虚名、实惠，都成了竹篮打水一场空。

安土重迁是中华民族的传统。鸟恋旧林，鱼思故渊；树高千丈，落叶归根。但百余年来，许多人依然不得不离乡别井，乃至漂洋过海，谋生异域。有清一代，出国的华工不下一千万，足迹遍于世界。为了改变祖国的命运，孙中山领导的革命运动发轫于美国檀香山，早期中国共产党领导人，很多曾在法国勤工俭学。改革开放后掀起的出国潮，汹涌澎湃，方兴未艾。还有一种颇似难料而其实易解的矛盾现象：鸦片战争期间被割弃的香港，经过一百五十年的沧桑世变，终于回到了祖国的怀抱，这是何等的盛事！而一些生于斯、食于斯、惨淡经营于斯的香港人，却宁愿抛弃家业，纷纷作移民计。这一代又一代中华儿女浮海远游的潮流，各有其截然不同的背景、色彩和内涵，不可一概而论，却都是时代浮沉的侧影，历史浩荡前进中飞溅的浪花。民族向心力的凝聚，并不取决于地理距离的远近。我们第一代的华侨，含辛茹苦，寄籍外洋，生儿育女，却世代翘首神州，不忘桑梓之情，当祖国需要的时候，他们都做了慷慨的奉献。香港蕞尔一岛，从普通居民到各业之王、绅士爵士、翰苑名流，对内地踊跃输将，表示休戚相关、风雨同舟的情谊，是近在眼前的动人事例。“美不美，故乡水，亲不亲，故乡人。”此中情味，离故土越远，就体会越深。

科学进步使天涯比邻，东西文化的融会交流使心灵相通，地球会变得越来越小，但乡土之恋不会因此消失。

（有删节）

爱国名言集锦（六）

1. 丈夫誓许国，愤惋复何有？

——杜甫《前出塞九首（其三）》

2. 丈夫四方志，安可辞固穷？

——杜甫《前出塞九首（其九）》

3. 男儿生世间，及壮当封侯。

——杜甫《后出塞五首（其一）》

4. 剑外忽传收蓟北，初闻涕泪满衣裳。

——杜甫《闻官军收河南河北》

人物春秋

中国古典诗歌中的人物形象，如璀璨星辰，千百年来光照文学史册。吟诵这些伟大的诗篇，一个个光彩照人的形象呼之欲出，令人顿生感佩钦敬之情。他们，金戈铁马，征战沙场，用鲜血和泪水谱写英雄战歌；他们，为国为民，鞠躬尽瘁，用智慧和汗水扛起兴国重任；他们，如春蚕吐丝，把智慧和思想织成华夏文明千年锦绣；他们，如群星闪耀，用信念与忠诚照亮华夏历史万里星空。他们带着爱与忧思，在这片土地上走过，留给后人坚实的背影。那支撑历史天空的伟岸身影，就是民族的脊梁！他们坚实的脊梁凝聚着文明的力量和文化的自信，那是一个民族生生不息、不断发展的动力和源泉！

阅读时，要注意体会诗人创作古诗的精妙，体会诗歌中的人物形象之美。诗人或白描勾勒，或浓墨重彩，或正面着色，或侧面点染，比喻、拟人、排比等修辞手法也有着神奇的作用，让这些人物栩栩如生，让他们的精神流传千古。

1. 木兰歌（节选）

⊙〔唐〕韦元甫

木兰抱杼嗟[①]，借问复为谁？欲闻所戚戚[②]，感激强其颜。
老父隶[③]兵籍，气力日衰耗。岂足万里行，有子复尚少。
胡沙没马足，朔[④]风裂人肤。老父旧羸[⑤]病，何以强自扶[⑥]？
木兰代父去，秣[⑦]马备戎行。易[⑧]却纨绮裳，洗却铅粉妆。
驰马赴军幕，慷慨携干将[⑨]。朝屯[⑩]雪山下，暮宿青海旁。

---

① 抱杼嗟（jiē）：抱着织布的梭子叹息。

② 戚戚：悲伤的样子。

③ 隶：属于。这里意为“在……写着”。

④ 朔：北方。

⑤ 羸（léi）：虚弱。

⑥ 扶：支撑。

⑦ 秣（mò）：喂牲口。

⑧ 易：换掉。

⑨ 干将：代指宝剑。

⑩ 屯：驻扎。

译文

木兰抱着织机的梭子叹着气，究竟是为了谁这么愁苦呢？想要听她说为何忧愁，她感激地强颜述说：老父的名字在兵籍上写着，必须服兵役，但是他体力已经逐日衰减，怎么经得起万里征程呢？虽然有儿子，但是年纪尚小。北地的风沙足以淹没战马的马蹄，凛冽的北风足以撕裂人的皮肤。老父本来就体弱多病，靠什么来照顾自己呢？木兰决定替代父亲去服役，喂饱了马后穿上戎装踏上征程。换掉了华丽的闺阁衣裳，洗净了铅华的妆饰。纵马赶赴军营，豪壮地提着宝剑。早晨驻扎在雪山之下，傍晚借宿在青海湖的旁边。

学习提示

千百年来，“木兰”这一既真切动人又富有传奇色彩的不朽形象，一直根植在人们心中，深受人们的喜爱。

诵读韦元甫所写的《木兰歌》，想象木兰决定代父从军、奔赴战场的情景。细细体会诗句，说说该诗和《木兰诗》的异同，比如对木兰的心理描写、木兰出征前的准备工作及行军路线等。

2. 明妃[1]曲

⊙〔宋〕王安石

明妃初出汉宫时，泪湿春风[2]鬓脚垂。
低徊顾影无颜色，尚得君王不自持[3]。
归来[4]却怪丹青手[5]，入眼平生未曾有。
意态[6]由来画不成，当时枉杀毛延寿。
一去心知更不归[7]，可怜着尽汉宫衣。
寄声欲问塞南[8]事，只有年年鸿雁飞。
家人万里传消息，好在毡城[9]莫相忆。

---

① 明妃：王昭君，汉元帝宫女，容貌美丽，品行正直。晋人避司马昭讳，改称昭君为明妃，后人沿用。

② 春风：形容容貌美好。杜甫咏昭君诗有“画图省识春风面”（《咏怀古迹》）诗句。

③ 不自持：不能控制自己，神魂颠倒。

④ 归来：回过来。

⑤ 丹青手：指画师毛延寿。

⑥ 意态：神态。

⑦ 更不归：再不能回来了。

⑧ 塞南：边塞（指长城）以南的汉王朝统治地区。

⑨ 毡城：匈奴人住在毡帐里，所以称匈奴人聚居的地方为“毡城”。

君不见咫尺长门闭阿娇[1]，人生失意无南北。

译文

明妃当时起程出行离别汉宫时，眼泪打湿了美丽的脸庞，鬓角也微微低垂。

她徘徊留恋，顾影自怜且面容惨淡，尚且让君王的感情都难以控制。

君王回过来却怪罪画师毛延寿，平生还未曾见过如此美貌之人。

像王昭君这样的绝代佳人的美妙神态难以描摹成，当时君王白白错杀了毛延寿。

王昭君从此一去心知再也不能回来了，然而，她仍眷眷于汉，不改汉服。

万里寄语欲询问家乡事，只有鸿雁年年飞去又飞回。

家人在万里之遥传来消息，好好地在毡城生活，不要常将家相忆。

您没看到近在眼前的长门宫禁闭着陈阿娇，人生如果失意，无分天南和地北。

学习提示

明妃，即王昭君，与貂蝉、西施、杨玉环并称中国古代四大美女。诗人王安石以“昭君和番”为主线，既写出了昭君的深明大义，又写出了她出塞时、出塞后对故土的无限眷恋与思念。

诵读诗歌，搜集相关资料，了解昭君出塞的故事，全面感受王昭君这位杰出的女性形象。

---

① 长门闭阿娇：汉武帝曾将陈皇后幽禁长门宫。长门，汉宫名。阿娇，陈皇后小名。

1. 白马篇[①]

⊙〔三国〕曹植

白马饰金羁[②]，连翩[③]西北驰。借问谁家子，幽并[④]游侠儿。

少小去乡邑，扬声[⑤]沙漠垂[⑥]。宿昔[⑦]秉良弓，楛矢[⑧]何参差。

---

① 白马篇：又名“游侠篇”，是曹植创作的乐府新题，属《杂曲歌辞·齐瑟行》，以开头二字而命名。

② 金羁（jī）：金饰的马笼头。

③ 连翩（piān）：飞跑不停的样子。原指鸟飞的样子，这里用来形容白马奔驰的俊逸形象。

④ 幽并：幽州和并州。在今河北、山西、陕西一带。

⑤ 扬声：扬名。

⑥ 垂：同“陲”，边地。

⑦ 宿昔：向来。

⑧ 楛（hù）矢：用楛木做成的箭。

控弦[①]破左的[②]，右发摧月支[③]。仰手接[④]飞猱[⑤]，俯身散[⑥]马蹄[⑦]。

狡捷[⑧]过猴猿，勇剽若豹螭[⑨]。边城多警急，虏骑数迁移。

羽檄[⑩]从北来，厉马登高堤。长驱蹈[⑪]匈奴，左顾陵[⑫]鲜卑。

弃身锋刃端，性命安可怀[⑬]？父母且不顾，何言子与妻？

名编壮士籍[⑭]，不得中顾私[⑮]。捐躯赴国难，视死忽如归。

---

① 控弦：拉弓。

② 的：箭靶。

③ 月支：一种箭靶的名称。

④ 接：迎射飞驰而来的东西。《文选》李善注："凡物飞，迎前射之曰接。"

⑤ 飞猱（náo）：飞奔的猿猴。猱，猿的一种，身材矮小，善于攀缘树木，轻捷如飞。

⑥ 散：射碎。

⑦ 马蹄：一种箭靶的名称。

⑧ 狡捷：灵活敏捷。

⑨ 螭（chī）：传说中形状如龙的黄色猛兽。

⑩ 羽檄（xí）：军事文书，插鸟羽以示紧急，必须迅速传递。

⑪ 蹈：践踏。

⑫ 陵：压制。

⑬ 怀：爱惜。

⑭ 籍：名册。

⑮ 中顾私：心里想着个人的私事。中，内心。

译文

白色的战马，饰着金黄的笼头，直向西北飞驰而去。
请问这是谁家的孩子，是幽州和并州的游侠骑士。
他年纪轻轻就离开了家乡，到边塞显身手建立功勋。
楛木箭和强弓从不离身，下苦功练就了一身武艺。
拉开弓如满月左右射击，一箭射中靶心不差毫厘。
抬手就能射中飞驰而来的东西，俯身就能打碎箭靶。
灵巧敏捷赛过猿猴，又勇猛轻疾如同豹螭。
听说国家边境军情紧急，侵略者一次又一次进犯内地。
告急信从北方频频传来，游侠儿催战马跃上高堤。
随大军平匈奴直捣敌巢，再回师扫鲜卑驱逐敌骑。
上战场面对着刀山剑树，从不将安危放在心里。
连父母也不能孝顺服侍，更不能顾念那儿女妻子。
名和姓既列上战士名册，早已经忘掉了个人私利。
为国家解危难奋勇献身，把死亡看得像回家一样平常。

2. 咏荆轲[1]

⊙〔晋〕陶渊明

燕丹[2]善养士，志在报强嬴[3]。
招集百夫良，岁暮得荆卿[4]。
君子死知己，提剑出燕京。
素骥[5]鸣广陌[6]，慷慨送我行。
雄发指危冠，猛气冲长缨。
饮饯易水上，四座列群英。

①荆轲：战国时卫国人，为燕太子丹报仇，以送地图为名，藏匕首刺秦王，不成被杀。

②燕丹：战国时燕王喜的太子，名丹。

③嬴：秦国。

④荆卿：指荆轲。

⑤素骥：白色的骏马。

⑥广陌：大道。

渐离[1]击悲筑，宋意[2]唱高声。
萧萧[3]哀风逝，淡淡[4]寒波生。
商[5]音更流涕，羽[6]奏壮士惊。
心知去不归，且有后世名。
登车何时顾，飞盖[7]入秦庭。
凌厉[8]越万里，逶迤[9]过千城。
图穷事自至，豪主[10]正怔营[11]。
惜哉剑术疏，奇功[12]遂不成。
其人虽已没[13]，千载有余情。

---

①渐离：高渐离，战国时燕国人，荆轲好友，善击筑（古时的一种乐器）。

②宋意：燕国的勇士，亦在易水为荆轲送行。

③萧萧：风声。

④淡淡：水波摇动的样子。《战国策·燕策三》载，荆轲临行时歌曰："风萧萧兮易水寒，壮士一去兮不复还。"

⑤商：古乐五音之一，其声凄凉。

⑥羽：古乐五音之一，其声激昂。

⑦飞盖：形容车行迅速。

⑧凌厉：奋勇直前的样子。

⑨逶迤（wēi yí）：曲折行进的样子。

⑩豪主：指秦王嬴政。

⑪怔营：惊恐的样子。

⑫奇功：指行刺之事。

⑬没（mò）：死。

译文

燕国太子喜欢收养门客，目的是对秦国报仇雪恨。
他到处招集有本领的人，这一年年底募得了荆轲。
君子重义气为知己而死，荆轲仗剑就要辞别燕京。
白色骏马在大路上鸣叫，众人意气激昂为他送行。
个个同仇敌忾怒发冲冠，勇猛之气似要冲断帽缨。
易水边摆下盛大的别宴，在座的都是人中的精英。
渐离击筑筑声慷慨悲壮，宋意唱歌歌声响遏行云。
座席中吹过萧萧的哀风，水面上漾起淡淡的波纹。
唱到商音听者无不流泪，奏到羽音荆轲格外惊心。
他明知这一去不再回返，留下的姓名将万古长存。
登车而去何曾有所眷顾，飞车直驰那秦国的宫廷。
勇往直前行程超过万里，曲折行进所经何止千城。
翻完地图忽地现出匕首，秦王一见不由胆战心惊。
只可惜荆轲的剑术欠佳，奇功伟绩终究未能完成。
荆轲其人虽然早已死去，他的精神永远激励后人。

3. 侠客行[1]

⊙〔唐〕李白

赵客[2]缦胡缨[3]，吴钩[4]霜雪明[5]。
银鞍照白马，飒沓[6]如流星。
十步杀一人，千里不留行。
事了拂衣去，深藏身与名。
闲过信陵[7]饮，脱剑膝前横。

---

① 这是一首歌颂朱亥（hài）和侯嬴为信陵君解难赴义的古体五言诗，是李白古风五十九首中的一首。

② 赵客：燕赵之地的侠客。燕赵自古多慷慨悲歌之士。

③ 缦（màn）胡缨：做工粗糙的没有花纹的带子。指侠客的冠带。

④ 吴钩：宝刀名。

⑤ 霜雪明：指宝刀的锋刃像霜雪一样明亮。

⑥ 飒沓（sà tà）：群飞的样子，形容马跑得快。

⑦ 信陵：信陵君，著名的战国四公子之一，为人礼贤下士，门下食客三千余人。

将炙[1]啖朱亥[2]，持觞[3]劝侯嬴。
三杯吐然诺，五岳倒为轻。
眼花耳热后，意气素霓[4]生。
救赵挥金槌，邯郸先震惊。
千秋二壮士，烜赫[5]大梁城[6]。
纵死侠骨香，不惭世上英。
谁能书阁下，白首《太玄经》[7]？

---

① 炙：烤肉。

② 啖朱亥：让朱亥来吃。啖，吃，这里是使动用法，让……吃。

③ 觞（shāng）：古代酒器。

④ 素霓：白虹。古人认为，凡要出现不寻常的大事，就会有不寻常的天象出现，如“白虹贯日”。

⑤ 烜（xuǎn）赫：形容声名远扬。

⑥ 大梁城：战国时期魏国都城，在今河南开封一带。

⑦《太玄经》：西汉扬雄的一部哲学著作。扬雄曾在皇帝藏书的天禄阁做校勘工作。

译 文

燕赵的侠士，头上系着侠士的武缨，腰佩闪亮的宝刀。

骑着银鞍白马在大街上驰骋，就像天上的流星一样。

他们武艺盖世，十步可斩杀一人，千里之行，无人可挡。

他们大事做成后拂袖而去，将功劳和美名隐藏起来。

想当年，侯嬴、朱亥与信陵君结交，与之脱剑横膝，交相欢饮。

信陵君与朱亥侯嬴一道大块吃肉、大碗喝酒。

几杯热酒下肚，便慷慨许诺，愿为知己两肋插刀，一诺重于泰山。

酒后眼花耳热，意气勃发，感动苍天，气贯长虹。

朱亥为信陵君救赵，挥起了金椎，使赵都邯郸上下都为之震惊。

二位壮士的豪举，千秋之后仍然在大梁城传为美谈。

他们纵然死去而侠骨犹香，不愧为一世英豪。

谁愿意像扬雄那样，穷尽毕生的精力来写一部《太玄经》呢?

4. 题木兰庙[1]

⊙〔唐〕杜牧

弯弓征战[2]作男儿，梦里曾经与画眉[3]。
几度思归还把酒，拂云堆[4]上祝明妃。

译文

手挽强弓，南征北战扮作男儿郎，几度梦回，与女伴一起画眉梳妆。有多少次，手持酒杯思念着故乡，拂云堆上，祭祀那明妃远赴番邦。

---

① 木兰庙：《太平寰宇记》载“黄州黄冈县（今属湖北省武汉市黄陂区）木兰山，在县西一百五十里，旧废县取此为名，今有庙在木兰乡”。

② 弯弓征战：指木兰代父出征，勇敢善战。

③ 与画眉：指与女伴一起梳妆打扮。

④ 拂云堆：神祠名。在今内蒙古五原县。

5. 鹧鸪天

⊙〔清〕秋瑾[①]

祖国沉沦[②]感不禁，闲来海外[③]觅知音。金瓯[④]已缺总须补，为国牺牲敢惜身。

嗟险阻，叹飘零，关山万里作雄行。休言女子非英物，夜夜龙泉[⑤]壁上鸣。

译文

国家危亡之际，让人悲慨万分；东赴日本，寻找志同道合的革命志士。山河已然破碎，家园需要收复；捍卫祖国，哪里能够吝惜这三尺之躯。

嗟叹革命之路艰辛险阻，慨叹身处异乡孤苦飘零。誓将踏破万里关山作为雄心壮志的远行。不要说女子不是英雄人物，我那龙泉宝剑夜夜都在剑鞘中长鸣！

---

① 秋瑾：中国民主革命烈士。

② 沉沦：沉没，指国家处在危厄之中。

③ 海外：指日本，作者曾东渡日本留学。

④ 金瓯（ōu）：金制的盆盂。《南史·朱异传》记梁武帝云："我国家犹若金瓯，无一伤缺。"后世因以金瓯喻疆土完固，以金瓯缺喻山河破碎。

⑤ 龙泉：此指古名剑。

单元学习任务

任务一

本单元诗歌塑造了一系列鲜活的人物形象，有女扮男装、替父从军的花木兰，有不忘大义、可悲可敬的王昭君，有捐躯赴难、视死如归的白马青年，有不畏强暴、义无反顾的荆轲……这些形象一直深受人们喜爱。请你梳理诗歌中的人物形象，概括他们的精神品格，说说让你敬佩或感动的理由。

诗歌	人物	精神品格	理由
木兰歌（节选）			
明妃曲			
白马篇			
咏荆轲			
侠客行			
题木兰庙			
鹧鸪天			

任务二

本单元所选的古典诗歌善于运用多种表现手法刻画人物、表达感情，具有很强的艺术感染力。请你找出与本单元诗歌运用的表达技巧对应的句子，完成下面的图表。

烘托
例句：

修辞
例句：

铺陈
例句：

其他
例句：

任务三

学习完本单元之后，教师可以倡议班级以小组为单位，举办“问天下谁是英雄”的语文学习活动。你们小组确定的活动主题是什么？活动方案是什么？活动成果要用什么形式呈现出来？请你和小组成员研究之后，完成下表。

语文学习活动——“问天下谁是英雄”	
活动主题	
活动方案	

学习抒情

抒情是文章的基本表达方式之一。文从心出，写作离不开情感的抒发，无论记叙、描写、议论，还是在说明事物时，作者的笔端都带着自己的感情，情感就是文字的灵魂。抒情贵在真实自然，流露真情实感的文章才能使读者感同身受。如果感情虚假、无病呻吟，那么即使文章运用再多优美的词语，也不会有感人的力量。抒情要讲究方式方法，会运用直接抒情和间接抒情，能根据主题表达的需要，认真斟酌、选择抒情方式，重视抒情技巧，这样才能使文章产生更强大的感染力。

文字特别神奇，它是我们的心灵美好的伙伴，一切喜怒哀乐都可以驾驭。同学们，当我们提笔书写的时候，文字就是在同我们一起分享喜怒哀乐……

1. 家园落日

⊙莫怀戚

这是一篇抒情散文，以落日为抒情线索，表达了对家园的眷恋与热爱。

很久以来，我都有种感觉：同是那个太阳，落日比朝阳更富爱心。

说不清楚这是因为什么，当然也可能是：眼睁睁看它又带走一份岁月，英雄终将迟暮的惺惺惜惺惺，想到死的同时就想到了爱。

……这么说着我想起已到过许多地方，见过各种落日。

戈壁落日很大，泛黄古旧，半透明，边缘清晰如纸剪。此时起了风。西北一有风则苍劲，芨芨草用力贴紧了地，细沙水汽一般游走，从太阳那边扑面而来，所以感到风因太阳而起。恍惚之间，太阳说没了就没了。

云海落日则很飘忽柔曼，宛若一颗少女心。落呀落，落到深渊了吧，突然又在半空高悬，再突然又整个不见了，一夜之后从背后起来。它的颜色也是变化的——我甚至见过紫色的太阳。这时候连那太阳是否属实都没有把握。

平原落日总是一成不变地渐渐接近地平线，被模糊的土地浸润似的吞食。吞到一半，人没了耐心，扭头走开。再回头，什么都没啦，一粒种子种进了地里。

看大海落日是在美国。或许因为是别人的太阳，总感到它的生命不遂意：你无论如何也看不到太阳是怎样浸进海水的，隔得还有一巴掌高吧，突然就粘在了一起——趁你眨眼的时候。这时美国朋友便骄傲地说，看，一颗水珠在辉煌地接纳火球了。我说唔，唔唔。

作者用戈壁落日、云海落日、平原落日、大海落日给自己的感受，衬托了下文的家园落日，营造了强烈的抒情氛围。

说到底，我看得最多的，还是浅缓起伏的田野之上的落日。说起它就想起庄稼和家园的落日，普通得就像一个人。

田野落日具有什么特点？与作者的家国情怀有怎样的相通之处？

在我居住的中国川东，就是这种太阳。

我常常单骑出行，驻足国道，倚车贪看丘陵落日。

那地势的曲线是多层的，颜色也一一过渡，从青翠到浓绿，从浓绿到黛青，而最接近夕阳之处一派乳白，那是盆地特有的雾霭。

似乎一下子静了一阵，太阳就这样下来了：红得很温和，柔软得像泡过水。

有时候有如带的云霞绕在它的腰际。

有时候是罗伞般的黄桷树成了它的托盘。

农舍顶上如缕的炊烟飘进去，化掉了；竹林在风中摇曳，有时也摇进去了。

家乡落日自然宁静，和谐柔美。思考一下，作者是如何表现这些特点的？

当路人不顾这一切时，我很焦急，很想说，喂，看哪！

两只小狗在落日里追逐；老牛在落日里舐犊……有一天有一个老农夹在两匹马之间，在光滑的山脊上走进了太阳。马驮着驮子。老农因为老了，上坡时就抓着前面的马尾巴。后面的马看见了，就将自己的尾巴不停地摇着。

我不禁热泪盈眶，一种无法描述的爱浸透全身。

这个迟暮的老农！他随心所欲的自在旷达让我羞愧……我突然想到就人生而言，迟暮只有一瞬，长的只是对迟暮的忧虑而已。

这个起伏田野的落日啊……我曾经反复思索这种落日为什么特别丰富——曲线？层

次？人物活动？抑或角度的众多？

最终承认：仅仅因为它是家园落日。

家园！这个毫无新意的单纯的话题！

家园的感觉何以如此说不清？譬如在我生长的重庆——我心知凡是它能给予我的，其他地方也能给予，然而一切的给予，又都代替不了家园。

作者为什么这样说？你能体会出作者对家园浓烈而深沉的情感吗？

关于这个，一切的学术解释都是肤浅、似是而非的。只能说：家园就是家园。

而人在家园看落日，万种感觉也许变幻不定，但有一种感觉却生死如一：

那才是我的太阳啊！

2. 炉　火

⊙臧克家

金风换成了北风，秋去冬来了。冬天刚刚冒了个头，落了一场初雪，我满庭斗艳争娇的芳菲，顿然失色，鲜红的老来娇，还有各色的傲霜菊花，一夜全白了头。两棵丁香，叶子簌簌辞柯了，像一声声年华消失的感叹。

每到这个季节，十一月上旬，我生上了炉火，一直到明年四月初，将近半年的时光，我进入静多动少的生活。每到安炉子和撤火的时候，我的心里总有些感触，季候的变迁，情绪的转换，打下了很鲜明、很深刻的印记。

我的小四合院，每到冬季，至少要安六个炉子，日夜为它奔忙，我的家人总是念咕说：安上暖气多省事啊，又干净。我也总是用我的一套理由做挡箭牌：安暖气花费太大呀，开地道安管子多麻烦啊，几吨煤将放在何处？还得有人夜里起来烧锅炉……我每年这样搪塞，一直搪塞了二十一年。其实，别的是假的，我中心的一条是：我爱炉火！

我住北房，三明两暗。左右两间有两个炉子，而当中的会客室，却冷冷清清，娇花多盆，加上两套沙发，余地供回旋的就甚少了。客人来了，大衣也不脱，衣架子成了空摆设。到我家做客的朋友们都说我屋子里的温度太低了。会客室里确实有点清冷，而我的写作间兼寝室却暖和和的。炉子，成为我亲密的朋友，几十年来，它的脾气我是摸透了。它，有时暴烈，有时温柔，它伴我寂寞，给我慰安和喜悦。窗外，北风呼号，雪花乱飘，这时，炉火正红，壶水正沸，恰巧一位风雪故人来，一进门，打打身上的雪花，进入了我的内室，沏上一杯龙井，泡沫喷香，相对倾谈，海阔天空。水壶嗞嗞作响，也好似参加了我们的叙谈，人间赏心乐事，有胜过如此的吗？

每晚，我必卧在床上，对着孤灯，夜读至十时，或更迟些。炉火伴我，它以它的体温温暖我，读到会心之处，忽然炉子里砰砰爆了几声，像是为我欢呼。有时失眠了，辗转不能安枕，瞥看炉子里的红光一点，像只炯炯的明眸，我心安了，悠悠然，入了蒙眬的境界。

暖气，当然温暖，也干净，但是啊，它不能给我以光，它缺少性格与一种活力。我要光。我要性格。我要活力。

我想到七八岁上私塾的时候，冬天，带上个铜“火箱”，里边放上几块烧得通红的条炭，用灰把它半掩住，“火箱”盖上全是蜂窝似的小孔，手摸上暖乎乎的，微微的火光从小孔里透露出来，给人以光辉，它不仅使人触感上感到温暖，而且透过视觉在心灵上感受到一种启示与希望的闪光。

有这种生活经验的人，会饶有情味地回忆到隆冬深夜，置身在旷山大野中，几个同伴围在篝火旁边取暖的动人的情景。火，以它的巨大热力使人通体舒畅，它的火柱冲天而起，在黑暗中给人以一种巨大的鼓舞力量与向前冲击的勇气。在它的猛烈的燃烧中，迸出噼噼啪啪的爆炸，不像一声声鼓点吗？

炉火当然不是铜“火箱”，也不是篝火，可是它们也有相同的性格：它们发热，它们发光，它们也能发出震撼心灵的声响。几十年来我独持异议不安暖气，始终留恋着炉火，原因就在此。

1984 年 11 月 24 日

3. 老檀树

⊙张庆安

世事沧桑，人去物非。尽管那个叫张华村的村子里已经没有了我的至亲，可乡规民俗的潜意识使然，在霜凝叶落的冬至之际，还是被逝去的魂灵牵引，回到生我养我的小村庄。

车辆缓缓驶入村北头的小路，村口渐行渐近。几只灰喜鹊在老槐树的枝头蹦来跳去叽叽喳喳地乱嚷嚷，是欢迎远道而来的客人？袅袅炊烟，从小楼的飞檐翘角缓慢地升腾曼舞，是为乡邻村戚备羹留餐？只见几位上了年纪的老人端坐在门前沐浴着暖暖的阳光，指点过往的行人，叨叙着陈年家常；几个调皮的孩子旁若无人，追逐嬉闹；睡在山墙拐角水泥地上的大黄狗不安分起来，见有生人路过，立马起身汪汪狂吠不止。村口就这样随意散敞着，像母亲撩开的衣襟，拥抱风尘仆仆的归来游子。

站在这似曾相识的村口（村子的入口处），新旧交错的房屋已分不清张家与李家了。倒是高高挺拔已逝去多年的老檀树像一道抹不去的影子萦绕脑际，挥之不去，勾起我儿时的思绪。

20世纪60年代初期，我还是个不大懂事的孩子。村头这棵有着几辈人记不清有多少年轮的老檀树，高达数十米，裸露的根茎非常粗大，七八个孩童手拉手也合抱不过来；繁枝茂叶，树冠如伞，群鸟栖息，犹如鸟的乐园；每到燥热的夏季，浓荫蔽日，枝杈绿叶间发出的阵阵蝉鸣，节奏奔放，欢快撩人，温馨而有趣；筑巢的喜鹊，你来我往，叽喳地天天报喜；偶尔见老鹰在树冠上空盘旋，一会儿直冲云霄，一会儿俯视捕雏，孩童们一个个翘首仰视，欣赏鸟类空中猎杀的场景；伙伴之间以是否能攀上高枝掏取鸟蛋，逮到雏鸟为勇敢强悍，来满足一时的虚荣。童真的心灵一头撞进自然风趣的港湾，欢愉、自在、富足。

据族中长辈回忆，老檀树在20世纪70年代中期，由于病虫害侵袭，整棵树半面枝叶枯死，根部腐蚀镂空，后由生产队集体出面砍伐，枯枝败叶被邻近的村民用作烧火的燃料，坚实耐用的板材卖给了公社的香油作坊，用作榨油的压板条。偶尔乡邻到省城给我带来的散装香油，凉拌菜时滴上几滴，确实别有一番风味。难怪，他们临走时再三嘱咐，这个油不要送人，留着自家享用。

立足村口，这株代表张华村最有标志性的风景——老檀树没有了。顿时，脑海空空，怅然若失。如果我能“凤凰涅槃”，一定要让这株承载悠悠乡情的老檀树“浴火重生”，找回儿时的意趣。

4. 祖国颂

⊙宋晓寒

亿万斯年的繁衍、生息，五千年文明的孕育、洗礼，造就了一个强大的民族——中华民族。

她，曾有强盛的秦汉，也曾有独领风骚的隋唐。是啊，我们中华民族有同侵略者血战到底的气概，有在自力更生的基础上光复旧物的决心，有自立于世界民族之林的能力。这是一个多么强大的民族啊！可是，由于种种原因，在近代的世界舞台上，她却饱受欺凌，屡屡任人宰割……鸦片战争的炮声印证了“落后就要挨打”的真理，山河破碎，生灵涂炭。太平天国运动、义和团运动、辛亥革命，这都是中华民族发出的呐喊与行动！然而，太平天国运动和义和团运动都在中外反动势力的联合绞杀下失败了；辛亥革命的胜利果实则被袁世凯窃取……

生命之火在哪里？希望之光在哪里？中国的未来在哪里？在那个腥风血雨、暗无天日的年代，有多少有良心的中国人，面向苍天发出撕心裂肺的疑问。啊！又有多少志士仁人做出艰难的探索与牺牲啊！

艰难的探索，漫长的等待……一轮红日从韶山升起来了，升起来了，她的光辉照亮了东方，映红了全世界。从此，中国人民在中国共产党的领导下，高举起民族解放的大旗，与武装到牙齿的侵略者进行了殊死的搏斗。十四年啊，中华民族做出了多大的牺牲啊，中国军民的顽强战斗，为世界反法西斯战争的胜利做出了不可磨灭的贡献。十四年啊，又有多少优秀的中华儿女血染黄沙，毅然捐躯啊，春云凝碧血，秋雨湿黄花。英雄的史诗啊，永垂青史，气贯长虹！十四年啊！在历史的长河中虽只是短暂的一瞬，可我们的民族却在十四年中改变了近代以来中国外战必败的悖论！中国共产党领导中国人民进行了二十八年艰苦卓绝的战斗，终于推翻了三座大山，建立起一个全新的中华人民共和国。

终于过去了，中国人民哭泣的时代！

中国人民站起来了！中华民族不再是任人宰割的民族了。亿万中国人终于可以按照自己的意愿建设自己的国家了。炙烤着北国崇岭的篝火，聆听着南疆柳寨的情歌；西昆仑的积雪曾留下建设者的足迹，东海岸的涛声也常常涌入创业者的梦乡。中华人民共和国的建设，倾注了多少中华儿女的热血与汗水啊！

终于迎来了，中华民族伟大复兴的时代！

中国梦的高歌，响彻云霄！全面建成小康社会是当世的最强音，中华民族不再是随波逐流的民族了，而是要屹立潮头，以自己的光焰普照世界的民族了。四海升平，五洲同庆。伟大祖国到处繁花似锦，果甜瓜香。塞外锣鼓响，海南云水荡。西藏高原捧出深情的哈达，黄海之滨涌起冲天巨浪。这，就是当今强大的中国！

啊，我在词汇的花园中采撷，我在音乐的瀚海中游渡，用我的心血与汗水编织一首最深情的歌。献给您啊，我最亲爱的——祖国！

爱国名言集锦（七）

1. 商女不知亡国恨，隔江犹唱后庭花。

——杜牧《泊秦淮》

2. 黄沙百战穿金甲，不破楼兰终不还。

——王昌龄《从军行七首（其四）》

3. 男儿何不带吴钩，收取关山五十州。

——李贺《南园十三首（其五）》

5. 离　聚

⊙闵博禹

“爆竹声中一岁除，除……除什么来着，我好像忘了……”有个孩子喊道。

那些年过年“考试”里的必背篇目总是这一句，大人们常常以此逗个乐。当然，这个边陲小镇的大人们也就知道这一句诗。孩子忘了诗句，似乎恰好达到了大人们以此逗乐的目的。可那孩子却看看天、望望地，好似指望着神仙告诉他这诗句的无上秘密。不一会儿，原本桃红的小脸蛋就变得像个红苹果了，再过一会儿，水汪汪的大眼睛可真是水汪汪了。见了这情景，没有一个大人不捧腹大笑，好似熟透的石榴张了嘴。这时，那孩子的哥哥轻轻地走过来，轻轻地抚摸孩子的头，告诉孩子：“没关系的，这句诗哥哥也不会。”这话不知蕴含了什么魔法，孩子竟然笑了，笑面如花，也成了那大石榴。

这便是这场人生聚会的开端吧。

这个小孩子现在还依稀记得他和哥哥的点滴过去，却也是很多年前了。他的五姨家是煤矿上的。在煤矿的西边一公里左右，便是一片广袤的草地，在其中还不时翻上来几个小土包，甚是可爱。他和哥哥经常卧在一块没有起伏的草地上，以至地上都有了个光秃秃的小坑。哥俩望着天。那时候天上还有很多星星，如水般地流淌着；月亮也想跟他们一起玩耍，便吩咐月光淌得大地上遍处都是；风儿也过来敲醒大树，发出沙沙的交响乐。那时的一切都是那么静谧美好。孩子的脸上泛起了红晕，哥哥也陶醉了。他们醉在了这良辰美景，醉在了这万里星空。哥哥时不时摸摸弟弟的小脑袋，有时又生怕他着凉。偶尔背两句王安石的诗句，跟弟弟说说王安石的传奇事迹，弟弟也把这些当故事听了去，依赖在哥哥的身旁，望着那宇宙星河。最后，夜晚总会结束在归家旅途中的歌声里："一闪一闪亮晶晶，满天都是小星星……"

这歌声还没有接近弟弟少年时光的尾声，弟弟还没有听尽王安石的故事，哥哥就去了别的城市。

无声的时间像风一样，吹白了母亲的长发，也吹长了孩子们的年岁。假期总是莫名无聊，远处灰色的沥青路似乎都掺了几分黛色。那孩子独坐在草地上，期盼着，期盼着，希望还能跟哥哥一起望着星空，躺在草坪上去谈谈王安石……终于有一次一进家门，便是扑面而来的书卷气息，弟弟便知道哥哥回来了，他探出了头，瞥一眼哥哥，开心地笑了起来。他拉着哥哥，哥哥却很沉默地忙碌着……不知道是因为成长还是因为距离，几天的时间里，没有星空，也没有草地温暖的夜风……

不久，那孩子也离开了土生土长的边陲小镇。

如今，孩子也已经长到了几年前哥哥的年龄。每年过年时，他们才会回到这个小镇。还是一样的平房，还是一样的小卖店，还是一样的对联和爆竹声；哥哥的手宽大了，弟弟的个子长高了。不知何时起，餐桌上的筷子变得少了起来，由原来的十几双，变为十双，八双……席间氤氲的热气里，似乎也变得不怎么真实，大人寒暄的话题总是时不时接不下去了，尴尬地换成下一个，孩子们也低着头摆弄着自己的手机。弟弟固执地想让哥哥帮他答出那句“春风送暖入屠苏”，亲人们围在周围捧腹大笑的场景，似乎只是遗留在时光深处的幻景。

真正过年那天，还是热闹了几分的。正在这时，三姨问妹妹妮子：“‘千门万户曈曈日’下一句是什么啊？”妮子涨红了脸，绞尽脑汁也想不起来。

“总把新桃换旧符。”

那孩子轻轻地走过来，轻轻地抚摸妮子的头。

（学生习作）

整本书阅读

青春万岁

⊙王　蒙

阅读导航

1953年10月，刚刚过完19岁生日的王蒙，购买了几个16开的大笔记本，开始写下一页页的小说草稿。这便是此后被传为经典的长篇小说《青春万岁》。小说通过七位中学生的故事，把我们带到了金光灿烂的20世纪50年代初期——那个纯正、热烈、真诚的年代。“所有的日子，所有的日子都来吧，让我编织你们，用青春的金线，和幸福的璎珞，编织你们……”《青春万岁》中杨蔷云在营火晚会上朗诵的这首诗仍时时地回荡在每一代青年的耳边，令人回味，引人深思。

翻阅这本关于青春的书籍，它仿佛告诉我们当年的中学生怎样用青春的金线来编织美好的日子，让人觉得自己就是她们中的一员，和她们一起欢笑，一起流泪。小说中的她们有理想，有热情，对生活积极乐观，真像一只只快乐的小鸟，在蓝天中飞翔；又如一尾尾小鱼，在海洋里畅游。杨蔷云的热情、郑波的沉稳、李春的骄矜、苏宁的忧郁、袁新枝的活泼、吴长福的开朗、呼玛丽的虔诚和觉醒……多姿多态的人物形象就如不同的音符，汇合在一起，为我们唱出了那个时代的一首充满青春活力和朝气的歌。小说表现了不同社会制度下人物的命运，将光明与黑暗、开朗与压抑、欢乐与阴郁等两种截然不同的人生感触传递给读者。重读经典，对我们今天的中学生来说，应该是一种鞭策和激励：面对我们祖父辈的生活，面对他们走过的道路，我们该怎样谱写自己的青春？我们必须在深思中有所醒悟，在醒悟中做出自己的明确答复。

托尔斯泰说过："如果告诉我，现在的孩子们二十年后还要读我所写的东西，他们还要为它哭，为它笑，而且热爱生活，那么，我就要为这样的小说献出我整个一生和全部力量。"

今天，我们重读这部作品，依然会心生感慨：半个多世纪过去了，那群朝气扑面、意气涌动的一代人，连同那个年代的青春与激情，好像从来都不曾褪去。《青春万岁》为中华人民共和国成立初期热气腾腾的中学生活留下了一份真实生动的写照，也会帮助我们懂得怎样度过自己的青春年华。

精彩选篇

序 诗

所有的日子，所有的日子都来吧，
让我编织你们，用青春的金线，
和幸福的璎珞，编织你们。

有那小船上的歌笑，月下校园的欢舞，
细雨蒙蒙里踏青，初雪的早晨行军，
还有热烈的争论，跃动的、温暖的心……

是转眼过去了的日子，也是充满遐想的日子，
纷纷的心愿迷离，像春天的雨，
我们有时间，有力量，有燃烧的信念，
我们渴望生活，渴望在天上飞。

是单纯的日子，也是多变的日子，
浩大的世界，样样叫我们好惊奇，
从来都兴高采烈，从来不淡漠，
眼泪，欢笑，深思，全是第一次。

所有的日子都去吧，都去吧，
在生活中我快乐地向前，
多沉重的担子，我不会发软，
多严峻的战斗，我不会丢脸，
有一天，擦完了枪，擦完了机器，擦完了汗，
我想念你们，招呼你们，
并且怀着骄傲，注视你们。

第十一章

如果说李春做功课的时候像写学术论文一样的“气魄宏大”；如果说袁新枝做功课的时候像给自己讲故事一样的轻巧

灵活；如果说郑波做功课的时候像耕牛拉犁一样的埋头苦干；那么，杨蔷云做功课的时候，忽而像唱歌一样的自在，忽而像打架一样的凶猛。

譬如清晨起来，她背俄文单字——谁能看得出她是在背单字啊？她靠着图书馆前的一棵大槐树，两腿交叉，嘴里哼哼着奇奇怪怪的调子，眼睛一闭一开，一开一闭，最后伸出脚踢飞了脚边的一块瓦片，喊一声“呜啦”，怎么啦？单字记住了。

这是音乐！杨蔷云在各种课程里发现了音乐。譬如俄文，多么悦耳的语言呀，许多人讨厌俄文中性、数、格的变化，但杨蔷云觉得，这样一变，念起来特别舒服。还有那使初学俄文的人感到麻烦的卷舌音：“勒……儿……”和什么母音拼在一起，最好听。就说数学吧，数学也是音乐，也是歌。已知的条件，好比是确定了的调子、拍子、速度，并且开始了第一小节，下边的，你自己唱去吧。题解开了，就好比歌儿唱到最后一段最后一个音符，提高八度，延长共鸣，然后在听众的掌声中结束了。

遇到太难的题就像打架了，杨蔷云生气地看着一个题，嘴里嘟囔着：“好小子，你想难住我吗？哼，哼，哼！”如果她想出的一个做法不对，她就说：“好，这回算你有理了，我可不认输。你等着，马上再想办法收拾你……”一直到把那个“好小子”打垮了为止。

有人问杨蔷云：“我看你做功课怎么不费劲呀？”

杨蔷云有时也笑着说："我跳着哈萨克舞也能想物理题。"

真的是这样吗？她同座的人都听见过杨蔷云在"轻松"地上了自习之后，夜里睡觉还不住说着梦话："对了，对了，缺一个软音符号，不，不是三四七……"

但是，有一门功课大大挫伤了杨蔷云的锐气，那是制图。首先，她不喜欢制图先生。那人岁数已经很大，他在七八个学校有课，有时候衣服上别着一大串校徽。他一上课，打开书就念，念完了拿起粉笔就在黑板上画，一边画一边背诵似的念念有词。同学问他什么问题，他都含含糊糊地回答："对，对。"甚至于一次一个同学问他："今天是不是做习题五呀？"他回答："对。"又一个同学问："是不是连习题六一齐做？"他也回答："对，对。"大家哄堂而笑，他却若无其事。

杨蔷云也不喜欢制图课的"机械劲儿"。她觉得，制图不许你创造，只许你服从；不需要智慧，只需要小心。麻麻烦烦，蘑蘑菇菇，而且都得画成一个样。画来画去也长不了多少知识。

有一个最复杂的工程图，早该画完，可是蔷云拖了好几天，直等到星期六下午，吃完午饭，她硬着头皮才把橡皮、纸、鸭嘴笔拿出来。

大部分同学都已经把这个图做好了。教室里有人轻轻唱歌，有人看小说，有人大声朗诵语文课文。蔷云非常羡慕人家，没法子，她生气地拿硬铅笔戳了桌子一下。

那个大声朗诵语文的同学是山西人，她努力学着北京话，但是山西腔仍然不时露出来，于是成了一种奇腔怪调。蔷云正在用硬铅笔画草底，被那人扰乱得不耐烦，就扔下笔，走到山西同学旁边说："你把那'饿、饿'声放小点好不好？"那同学笑了笑，拉着蔷云请她纠正自己的土腔。蔷云叹了一口气，坐在她旁边，教上她说话了，一边教一边嘲笑："不行，不论怎么学，你说话还是带醋味的。"

蔷云回来接着弄工程图。好容易把草图弄出来了，这时苏宁来找她，问她一道题，她看了看题，告诉苏宁说："这题容易极了！你瞅着题目挺长，好像是难题，其实才不呢！你可千万别让题目唬住。题目再难，也出不去咱们学过的圈……"接着她断定，只要苏宁不被题目"唬住"，那就"一想便会"，于是她动员苏宁自己想。苏宁一边想，她一边在旁启发。苏宁想出了点头绪，她就把脑袋点得像敲鼓似的："对，对，就是……"本来，讲这一道题有五分钟就可以完，结果她和苏宁一直干了一个多钟头。

给苏宁讲完题，已经快吃晚饭了。于是杨蔷云只好把纸、笔收起来，等到晚上再做。

晚上，教室里剩的人不多了。星期六嘛，有的回家，有的看电影，有的遛大街去了。

这回杨蔷云可专心啦，她骂自己："你也太差劲了，你难道被这个什么'破图'给征服了吗？""不，"她自己又回答，"我要战胜它！"于是她小心翼翼地开始上墨。

谁知道鸭嘴笔中途出了毛病，手一颤，出了个小岔。其实，不注意也看不出来。不过杨蔷云既然下了决心，就非弄得挑不出毛病来不可。于是她拿起橡皮就擦，糟糕！橡皮不干净，放在洁白的纸上一擦，小岔倒没了，但是脏了更大的一片。

杨蔷云气坏了，怎么办呢？又得重画，又得死死板板地耗上几个钟头。几个钟头，多么宝贵的时间，全被这讨厌的制图占去了！蔷云一阵火涌上来，她转了转脖子，拿起制图纸看了看，“咔嚓！”撕了。撕了制图纸，蔷云哽咽着一股气跑出教室，跑过了院落，又跑出了校门。然后，靠在校门旁的墙上，嗓子里自然地发出一声呻吟，蔷云想：“我真要哭了。”

但是她没有哭，一阵凉飕飕的风吹来，蔷云打了个冷战。随着风，她听到一声遥远的梦幻一般轻微的调子：

青线线，蓝线线，

蓝格英英的彩，

……

只仿佛听见这么两句，就没声了。

不正是她吗？不正是那个纯洁的“蓝花花”吗？这个歌是杨蔷云发现的，一九五一年，广播电台已经开始播送这个歌了，杨蔷云一下子听出了它的美，听出了它的纯朴和动人。杨蔷云想法学会了这歌，拉着同学要教给人家。同学说：“哟，就这么个破调呀，来回瞎唱什么？”蔷云生气。后来苏军红旗歌舞团来了，功勋演员尼基丁喜欢这个歌，而且用中文演唱了它，蔷云高兴了："瞧，我的鉴赏力和苏联朋友一样！"

哪儿传来的歌声呢，在它的知音者正倒霉得狼狈不堪的时候？于是杨蔷云向大街走去。

她失望了，她没有找到哪一个商店的收音机在放送这个歌。她根本没找到歌声。几家百货店的收音机，正放送着夜场的京剧呢。

她痴立着。有一对情人在她身边走过。那还看不出来吗？男的大概是个机关干部——蔷云判断，他披了件呢子大衣，不住地说着笑着问着。那个辫子上扎白绸子花的女青年呢？蔷云觉得她一定是个护士，要不怎么能那么干净呢？这个护士默默地微笑着，男的大笑一下，她就微笑一下。"他们真好笑，"杨蔷云顽皮地想，"可他们真幸福！"杨蔷云同时也感动了。

于是，杨蔷云仰望天空，她看见稀疏的小星星，那星星是渺小的，寂寞的，因为它没有生命，因为它离蔷云那么远。蔷云想起露营时候看星星来了，那时在一起的伙伴们可好？张世群可好？又一阵凉风吹来，蔷云打了个寒噤，四面一看，路旁的槐树已经落尽了叶子。一个卖橘子的老人推着小车慢慢走来……莫非冬天已经到了吗？也没有人告诉我们杨蔷云一声。在杨蔷云忙着给李春提意见的时候，在她不耐烦地制图的时候，那个一刻也不停留的时间，已经把一九五二年推上边缘了。

阅读规划

读书有许多方法，如精读和浏览、摘录与批注等，你阅读《青春万岁》用到了哪些方法呢？按照精读和浏览相结合的方式，挑选你喜欢的章节，完成下面的“《青春万岁》读书卡”。

提示：1. 与同学们交流关于阅读方法积累和尝试的体验。

2. 请教有阅读经验的人，或者去图书馆、利用网络搜集资料，看看有哪些读书的方法可供参考。

《青春万岁》读书卡

阅读时间	阅读时长	章节	故事梗概	阅读笔记

交流平台

在阅读《青春万岁》的过程中，不妨思考下面这些问题。可以进行专题讨论或读书交流，也可以把思考结果写成读书笔记。

任务一：请结合后记了解王蒙创作这部小说的目的和当时的时代背景。

提示：1. 关于时代背景，可以查阅其他相关资料相互参照。

2. 从后记中整理出王蒙的创作目的，阅读时与小说中的相关人物和情节进行印证。

任务二：小说里的人物有各自独特的性情、爱好，心中燃烧着爱党、爱祖国、为社会主义事业献身的青春热情。你最欣赏的人物是哪一位？为什么？

提示：1. 请注意小说中人物鲜明的性格特点，注意刻画人物的一些心理描写和细节描写。

2. 可以和伙伴们组织一次读书交流会，或者在班级线上学习空间发布讨论的帖子。

任务三：《青春万岁》创作于20世纪50年代，到如今，有几代人都读过这本书。小说中并没有起伏的情节、曲折的故事，也没有解答人生问题的现成答案，但是却有一种吸引人的内在魅力。想一想，这是为什么？

提示：1. 要注意故事发生的时代背景、故事的真实性和典型性。

2. 关注小说讴歌青春的激情与生命的力量的主题，这个主题能引发超越时代的共鸣。

3. 如果你以现在的社会时代背景创作一部中学生活题材的小说，你想要表达什么主题？

敬启

为编好这本书，我们与收入本书的作品（含图片）作者进行了广泛联系，得到了各位作者的大力支持。在此，我们表示衷心的感谢。但是，由于个别作者地址不详，虽经多方努力，仍无法取得联系。敬请各位有著作权的作者尽快与我们联系，以便我们支付稿酬，并致谢忱！

我们还要感谢使用本书的师生们。希望你们在使用本书的过程中，能够及时把意见和建议反馈给我们，对此，我们深表谢意，并将给予一定奖励。让我们携起手来，共同完成本书的建设工作。

联 系 人：梁老师　刘老师

联系电话：010-58022100-6362

联系邮箱：ztxx2008@sina.com

网　　址：http://www.ywztxx.com

地　　址：北京市海淀区知春路7号致真大厦A座18层

图书在版编目（CIP）数据

家国情怀 / 任建欣主编. — 上海 : 上海教育出版社, 2021.12

ISBN 978-7-5720-0816-0

Ⅰ. ①家… Ⅱ. ①任… Ⅲ. ①阅读课—初中—教学参考资料 Ⅳ. ①G634.333

中国版本图书馆CIP数据核字（2021）第260853号

责任编辑 朱剑茂
封面设计 陈丽娟 王艺霖
著作权人 北京华樾教育科技有限公司

家国情怀

任建欣 主编

出版发行 上海教育出版社有限公司
官　　网 www.seph.com.cn
地　　址 上海市闵行区号景路159弄C座
邮　　编 201101
印　　刷 河北泓景印刷有限公司
开　　本 720×1010 1/16 印张 66
字　　数 900千字
版　　次 2021年12月第1版
印　　次 2021年12月第1次印刷
书　　号 ISBN 978-7-5720-0816-0/G · 0632
定　　价 268.00元（全六册）

如发现质量问题，请向本社调换　021-64373213